Les meilleurs citations

Les grandes leçons de vie

LES ÉDITIONS POP

Dépôts Légaux:
Bibliothèque nationale du Québec
Bibliothèque nationale du Canada
Imprimé au Canada
1er trimeste 2010

© **Les Éditions PoP**, 2010
1350, Marie-Victorin
St-Bruno-de-Montarville, Québec, CANADA
J3V 6B9
Téléphone: 450-646-0060
Télécopieur: 450-646-2070

Recherche: Rudel Médias
Coordonnatrice de la production: Esther Tremblay
Infographie: Jacques Lacoursière
Infographie de la couverture: Caroline Boivin

ISBN: 978-2-89638-657-4

Table des matières

Leçons
de vie

Tu dois devenir l'homme que tu es. Fais ce que toi seul peux faire. Deviens sans cesse celui que tu es, sois le maître et le sculpteur de toi-même.

Friedrich Nietzsche

Notre plus grande gloire n'est point de tomber, mais de savoir nous relever chaque fois que nous tombons.

Confucius

La vie de l'homme dépend de sa volonté ; sans volonté, elle serait abandonnée au hasard.

Confucius

Il n'y a pas de hasard. Il n'y a que ce qui doit arriver et qui, à cause de nous, arrive ou n'arrive pas.

Michel Chevrier

Il ne faut jamais blâmer la croyance des autres, c'est ainsi qu'on ne fait de tort à personne. Il y a même des circonstances où l'on doit honorer en autrui la croyance qu'on ne partage pas.

BOUDDHA

Le plus grand plaisir dans la vie est de réaliser ce que les autres vous pensent incapables de réaliser.

WALTER BAGEHOT

C'est un tort égal de pécher par excès ou par défaut.

CONFUCIUS

L'idéal de la vie n'est pas l'espoir de devenir parfait, c'est la volonté d'être toujours meilleur.

RALPH WALDO EMERSON

On ne possède pas le bonheur comme une acquisition définitive. Il s'agit à chaque instant de faire jaillir une étincelle de joie. Ne l'oublions pas : «Souris au monde et le monde te sourira.»

Sœur Emmanuelle

Vivre de telle sorte qu'il te faille désirer revivre, c'est là ton devoir.

Friedrich Nietzsche

L'homme de bien est droit et juste, mais non raide et inflexible ; il sait se plier mais pas se courber.

Confucius

La croyance que rien ne change provient soit d'une mauvaise vue, soit d'une mauvaise foi. La première se corrige, la seconde se combat.

Friedrich Nietzsche

Le pire péché envers nos semblables, ce n'est pas de les haïr, mais de les traiter avec indifférence ; c'est là l'essence de l'inhumanité.

GEORGE-BERNARD SHAW

L'homme de bien situe la justice au-dessus de tout. Un homme de bien qui a la bravoure mais qui ignore la justice sera un rebelle. L'homme médiocre qui a la bravoure mais qui ignore la justice sera un brigand.

CONFUCIUS

Ce qui te manque, cherche-le dans ce que tu as.

KOAN ZEN

S'attacher aux résultats est cause de malheur et de misère. Le vrai sage ne s'occupe pas de ce qui est bon ou mauvais dans ce monde.

LUDWIG VAN BEETHOVEN

Il ne dépend pas de toi d'être riche, mais il dépend de toi d'être heureux.

ÉPICTÈTE

Il ne dépend que de nous de suivre la route qui monte et d'éviter celle qui descend.

PLATON

Le mystère et la richesse du monde de la vie quotidienne sont inégalables. Et les conditions pour accéder aux merveilles de ce monde sont le détachement, mais également l'amour et le don de soi.

CARLOS CASTANEDA

Apprends tout, et tu verras que rien n'est superflu.

HUGUES DE SAINT-VICTOR

La conscience est la lumière de l'intelligence pour distinguer le bien du mal.

CONFUCIUS

Ce n'est pas un malheur d'être méconnu des hommes, mais c'est un malheur de les méconnaître.

CONFUCIUS

La clé qui ouvre l'accès à tous les niveaux de la spiritualité, c'est la volonté.

OSTAD ELAHI

L'ignorance n'a jamais fait de mal ; l'erreur seule est funeste ; on ne s'égare point parce qu'on ne sait pas, mais parce qu'on croit savoir.

JEAN-JACQUES ROUSSEAU

Une vie sans examen ne vaut pas la peine d'être vécue.

SOCRATE

Cherche la vérité dans la méditation et non continuellement dans les livres moisis. Celui qui veut voir la lune regarde le ciel et non l'étang.

PROVERBE PERSAN

Ce que vous faites de bien et de mal, vous le faites à vous.

MAHOMET

L'homme honorable commence par appliquer ce qu'il veut enseigner ; ensuite il enseigne.

CONFUCIUS

Le mal vient de ce que l'homme se trompe au sujet du bien.

SOCRATE

Plus nous sentons le besoin d'agir, plus nous devons nous efforcer à la réflexion. Plus nous sommes tentés par le confort de la méditation, plus nous devons nous lancer dans l'action.

ALBERT JACQUARD

Soyez à vous-même votre propre flambeau.

BOUDDHA

N'avoir qu'un but en vue est l'une des causes essentielles de succès dans la vie, quel que puisse être le but poursuivi.

JOHN ROCKEFELLER

Celui qui est sévère envers lui-même et indulgent envers les autres évite les mécontentements.

CONFUCIUS

La victoire sur soi est la plus grande des victoires.

PLATON

N'oublie pas que c'est dans ton cœur d'enfant de Dieu que la terre et le ciel se rejoignent vraiment.

JOSEMARIA ESCRIVA DE BALAGUER

La connaissance de soi est une naissance à sa propre lumière, à son propre soleil. L'homme qui se connaît est un homme vivant.

MARIE-MADELEINE DAVY

Oublie les injures, n'oublie jamais les bienfaits.

CONFUCIUS

✂

Le commencement est beaucoup plus que la moitié de l'objectif.

ARISTOTE

✂

Nous cherchons toujours à jeter un pont entre ce qui est et ce qui devrait être ; et par là donnons naissance à un état de contradiction et de conflit où se perdent toutes les énergies.

JIDDU KRISHNAMURTI

✂

Chaque miette de vie doit servir à conquérir la dignité !

FATOU DIOME

Le problème des hommes, c'est qu'ils négligent leur propre champ pour aller ensemencer celui des autres.

CONFUCIUS

Le sens de la vie personnelle est de retourner à l'enfance, ou plutôt de faire apparaître à nouveau l'enfant qui jamais n'a disparu.

GEORG GRODDECK

Un idéal n'a aucune valeur si vous ne pouvez pas le mettre en pratique.

SWÂMI RÂMDÂS

Chacun, parce qu'il pense, est seul responsable de la sagesse ou de la folie de sa vie, c'est-à-dire de sa destinée.

PLATON

Sois plutôt la queue d'un lion que la tête d'un chien.

LE TALMUD

Il faudrait pouvoir unir les contraires, l'amour de la vertu avec l'indifférence pour l'opinion publique, le goût du travail avec l'indifférence pour la gloire, et le soin de sa santé avec l'indifférence pour la vie.

CHAMFORT

La vraie faute est celle qu'on ne corrige pas.

CONFUCIUS

Nous sommes ce que nous pensons. Tout ce que nous sommes résulte de nos pensées. Avec nos pensées, nous bâtissons notre monde.

BOUDDHA

L'homme qui connaît son idéal et ne l'atteint pas est pire que l'homme sans idéal.

LOUIS PAUWELS

Rendez le bien pour le bien et la justice pour le mal.

CONFUCIUS

Pour être quelque chose, pour être soi-même et toujours un, il faut agir comme on parle : il faut être toujours décidé sur le parti qu'on doit prendre, le prendre hautement et le suivre toujours.

JEAN-JACQUES ROUSSEAU

La conscience d'avoir bien agi est une récompense en soi.

SÉNÈQUE

La vie devient une chose délicieuse, aussitôt qu'on décide de ne plus la prendre au sérieux.

HENRY DE MONTHERLANT

Rendez le bien pour le bien et la justice pour le mal.

CONFUCIUS

Il faut savoir se perdre pour un temps si l'on veut apprendre quelque chose des êtres que nous ne sommes pas nous-mêmes.

FRIEDRICH NIETZSCHE

Si un âne te donne un coup de pied, ne lui rends pas.

SOCRATE

Négligez et vous perdrez. Cherchez et vous trouverez. Mais chercher ne conduit à trouver que si nous cherchons ce qui est en nous.

CONFUCIUS

Je ne veux pas prier d'être protégé des dangers, mais de pouvoir les affronter.

TAGORE

Les convictions sont des prisons.

FRIEDRICH NIETZSCHE

Un changement dans les circonstances extérieures de notre vie ne peut être opéré que par la transformation de notre corps.

FOX EMMET

La réalisation réside dans la pratique.

BOUDDHA

Nulle pierre ne peut être polie sans friction, nul homme ne peut parfaire son expérience sans épreuve.

CONFUCIUS

Ignorance est mère de tous les maux.

FRANÇOIS RABELAIS

La première clé de la grandeur est d'être en réalité ce que nous semblons être.

SOCRATE

Il faut faire d'abord volontairement, avec plaisir, ce qu'on fait. Le résultat importe peu. On ne le prévoit pas, et on l'apprécie mal. Mais l'auteur s'est satisfait lui-même : c'est toujours ça.

JULES RENARD

Il faut avoir confiance dans les surprises de la vie.

JEAN-PHILIPPE BLONDEL

Il faudrait essayer d'être heureux, ne serait-ce que pour donner l'exemple.

JACQUES PRÉVERT

Il faut avoir le courage dans la vie de quitter sa péniche, sinon on vogue au fil de l'eau en se faisant du cinoche et on crève sans être allé ailleurs qu'au cinoche.

RENÉ FALLET

À lutter avec les mêmes armes que ton ennemi, tu deviendras comme lui.

FRIEDRICH NIETZSCHE

Agissez envers les autres comme vous aimeriez qu'ils agissent envers vous.

CONFUCIUS

Donner est un plaisir plus durable que recevoir, car celui des deux qui donne est celui qui se souvient le plus longtemps.

CHAMFORT

Rien n'est jamais sans conséquence. En conséquence, rien n'est jamais gratuit.

CONFUCIUS

Une âme élevée se réjouit peu, ne s'afflige jamais, et, dans toute chose, ne laisse paraître aucun signe de joie ou de tristesse.

ALEXANDRA DAVID-NEEL

Dans toute action, dans tout choix, le bien c'est la fin, car c'est en vue de cette fin qu'on accomplit toujours le reste.

ARISTOTE

Celui qui déplace la montagne, c'est celui qui commence à enlever les petites pierres.

CONFUCIUS

C'est dans l'irrégularité, la clandestinité, le cambriolage que le plaisir est intense ; pas dans la préméditation.

TAHAR BEN JELLOUN

Ne peut rien pour le bonheur d'autrui celui qui ne sait être heureux lui-même.

ANDRÉ GIDE

L'expérience est une lanterne attachée dans notre dos, qui n'éclaire que le chemin parcouru.

CONFUCIUS

Il ne faut pas être sage plus qu'il ne faut, mais l'être avec modération.

SAINT PAUL

Si tu veux comprendre le mot bonheur, il faut l'entendre comme récompense et non comme but.

ANTOINE DE SAINT-EXUPÉRY

Ce ne sont pas les richesses qui font le bonheur, mais l'usage qu'on en fait.

CERVANTÈS

Qui ne se préoccupe pas de l'avenir lointain, se condamne aux soucis immédiats.

CONFUCIUS

Il faudrait convaincre les hommes du bonheur qu'ils ignorent, lors même qu'ils en jouissent.

MONTESQUIEU

Allez de monde en monde, de richesse en richesse, vous ne trouverez pas votre bonheur. La terre entière ne peut pas plus contenter une âme immortelle qu'une pincée de farine, dans la bouche d'un affamé, ne peut le rassasier.

LE CURÉ D'ARS

Mieux vaut encore subir l'injure que la commettre.

SOCRATE

Le bien et le mal attendent l'homme au sortir de l'enfance : celui qui choisit le mal est en fuite de l'homme et celui qui choisit le bien est sur le chemin de sa libération !

PIERRE BILLON

Une injustice n'est rien, si on parvient à l'oublier.

CONFUCIUS

Il ne faut pas lier un navire à une seule ancre, ni une vie à un seul espoir.

ÉPICTÈTE

Si tu remerciais Dieu pour toutes les joies qu'il te donne, il ne te resterait plus de temps pour te plaindre.

MAÎTRE ECKHART

Dans la joie et dans la douleur
Sois modéré, car le malheur
Au bonheur se mêle et s'allie
Pendant tout le cours de la vie.

PHÈDRE

Dans nos joies les plus expansives, gardons toujours au fond de notre âme un coin triste. C'est notre refuge, en cas d'alarme subite.

JULES RENARD

Connais-toi toi-même.

SOCRATE

Ne parlez jamais de vous, ni en bien, car on ne vous croirait pas, ni en mal, car on ne vous croirait que trop.

CONFUCIUS

Dans les difficultés, garde ton âme égale ;
Et, parmi la prospérité,
Sache avec même probité
T'interdire une joie insolente et brutale.

HORACE

Il est parfois bon d'avoir un grain de folie.

SÉNÈQUE

On ne paie jamais trop cher le privilège d'être
son propre maître.

RUDYARD KIPLING

Tuer un homme pour sauver le monde, ce n'est
pas agir pour le bien du monde. S'immoler
soi-même pour le bien du monde, voilà qui est
bien agir.

CONFUCIUS

La patience est la clé du bien-être.

MAHOMET

Celui qui se livre à des méditations claires trouve rapidement la joie dans tout ce qui est bon. Il voit que les richesses et la beauté sont impermanentes et que la sagesse est le plus précieux des joyaux.

BOUDDHA

Fais n'importe quoi, mais tires-en de la joie.

HENRY MILLER

Bonne est l'action qui n'amène aucun regret et dont le fruit est accueilli avec joie et sérénité.

BOUDDHA

Rien ne sert de parler des choses qui sont déjà accomplies, ni de faire des remontran-ces sur celles qui sont déjà très avancées, ni de blâmer ce qui est passé.

CONFUCIUS

Rien ne nous est plus utile que de vivre tranquilles, de parler peu avec les autres et beaucoup avec nous-mêmes.

SÉNÈQUE

Vous pouvez cacher aux autres une action répréhensible, mais jamais à vous-même.

SOCRATE

Aimer les autres, c'est vouloir pour eux ce qu'ils veulent pour eux-mêmes et les soutenir dans tout ce qu'ils entreprennent pour vivre dans la joie.

MARGARET PAUL

Ne vous souciez pas de n'être pas remarqué ; cherchez plutôt à faire quelque chose de remarquable.

CONFUCIUS

Ne soyons pas trop généreux de conseils ; gardons-en pour nous-mêmes.

JOHN LOCKE

Laissez-vous convaincre ; c'est en faisant méthodiquement et sans défaillance l'éducation de la liberté que vous élèverez des êtres libres.

PAULINE KERGOMARD

C'est dans le choix que nous faisons de nos pensées que réside notre liberté.

FOX EMMET

Si tu te sers de la liberté en échange d'autre chose, comme l'oiseau, elle s'envolera.

GAO XINGJIAN

J'entends et j'oublie. Je vois et je me souviens.
Je fais et je comprends.

Confucius

Il convient à l'homme de choisir un habit simple.

Sénèque

Si tu marches vite, tu attraperas le malheur,
et si tu marches lentement, c'est le malheur
qui t'attrapera.

Proverbe russe

Qui combat la vérité sera vaincu.

Hazrat Ali

Malheur à qui n'a plus rien à désirer ! On jouit
moins de ce qu'on obtient que de ce qu'on
espère et l'on n'est heureux qu'avant d'être
heureux.

Jean-Jacques Rousseau

Que l'on s'efforce d'être pleinement humain et il n'y aura plus de place pour le mal.

Confucius

Si tu persistes en tournant le dos à la réalité, le bonheur et le malheur glisseront sur ton cœur comme l'eau du torrent sur les galets. Or l'homme a besoin du bonheur et du malheur pour marcher en équilibre.

Gilbert Sinoué

Ne suivez jamais les traces du malheur, il pourrait bien se retourner et faire volte-face.

Proverbe japonais

Commence déjà à être l'ami de toi-même. Tu ne seras jamais seul.

Sénèque

Tirez la leçon des malheurs des autres, afin que les autres n'aient pas à tirer la leçon de vos malheurs.

MOCHARRAFODDIN SAADI

On ne devient homme qu'en se surpassant.

ARISTOTE

Quand on ne sait pas ce qu'est la vie, comment pourrait-on savoir ce qu'est la mort?

CONFUCIUS

Se lamenter, c'est empirer un malheur.

BONAVENTURE DES PÉRIERS

Le pardon n'est pas au bout du chemin ; il est le chemin.

FRANÇOISE CHANDERNAGOR

Le pardon est une option du cœur qui va contre l'instinct spontané de rendre le mal pour le mal.

JEAN-PAUL II

Tu veux savoir quelle est, pour une vie, la plus vaste étendue ? Vivre jusqu'à la sagesse. Celui qui l'a atteinte touche non pas le terme le plus reculé mais le terme suprême.

SÉNÈQUE

Le pardon couronne la grandeur.

HAZRAT ALI

Le pardon est un choix que tu fais, un cadeau que tu donnes à quelqu'un même s'il ne le mérite pas. Cela ne coûte rien, mais tu te sens riche une fois que tu l'as donné.

LURLENE MCDANIEL

En disant deux fois pardon, tu ne pardonnes pas deux fois, mais tu rends le pardon plus solide.

WILLIAM SHAKESPEARE

Plutôt que de maudire les ténèbres, allumons une chandelle, si petite soit-elle.

CONFUCIUS

L'esprit instable et dispersé, ignorant la vraie doctrine, aimant la flatterie, ne sera jamais mûr pour la sagesse.

BOUDDHA

Cherche un refuge dans la sagesse seule, car s'attacher aux résultats est cause de malheur et de misère.

LUDWIG VAN BEETHOVEN

Penser et agir à contre-courant des manies et des modes du jour, c'est le commencement de la sagesse.

JEAN PRIEUR

L'expérience est une bougie qui n'éclaire que celui qui la porte.

CONFUCIUS

Tu veux savoir quelle est, pour une vie, la plus vaste étendue ? Vivre jusqu'à la sagesse. Celui qui l'a atteinte touche non pas le terme le plus reculé mais le terme suprême.

SÉNÈQUE

Ayez surtout le souci de séparer les choses du bruit qu'elles font.

SÉNÈQUE

Possédez la sagesse, parce qu'elle est meilleure que l'or ; et acquérez la prudence, parce qu'elle est plus précieuse que l'argent.

La Bible

Le courage est la première des qualités humaines car elle garantit toutes les autres.

Aristote

Soyez content de votre sort, ami, c'est là la sagesse.

Horace

De n'importe où on peut s'élancer vers le ciel.

Sénèque

L'erreur est égale, que l'on dépasse les bornes ou que l'on reste en deçà.

Confucius

La perfection consiste en trois choses : à observer sa religion, à être patient dans les disgrâces et à se conduire avec sagesse.

PROVERBE ORIENTAL

Tenez-vous prudemment entre les deux extrêmes ;
Marchez au milieu : c'est le plus sûr des systèmes.

OVIDE

La déception est bien moins pénible quand on ne s'est point d'avance promis le succès.

SÉNÈQUE

L'homme supérieur, c'est celui qui d'abord met ses paroles en pratique, et ensuite parle conformément à ses actions.

CONFUCIUS

Ne croyez pas les individus, fiez-vous aux enseignements ; ne croyez pas les mots, fiez-vous au sens ultime, ne croyez pas l'intellect, fiez-vous à la Sagesse.

BOUDDHA

Seul l'arbre qui a subi les assauts du vent est vraiment vigoureux, car c'est dans cette lutte que ses racines, mises à l'épreuve, se fortifient.

SÉNÈQUE

Le chemin de la sagesse ou de la Liberté est un chemin qui mène au centre de son propre être.

MIRCEA ELIADE

Une petite impatience ruine un grand projet.

CONFUCIUS

Marche avec des sandales jusqu'à ce que la sagesse te procure des souliers.

AVICENNE

Surtout, ne pas confondre tristesse et ennui.

JULES RENARD

L'archer a un point commun avec l'homme de bien : quand sa flèche n'atteint pas le centre de la cible, il en cherche la cause en lui-même.

CONFUCIUS

Vous ne pouvez pas empêcher les oiseaux de la tristesse de voler au-dessus de vos têtes, mais vous pouvez les empêcher de faire leurs nids dans vos cheveux.

PROVERBE CHINOIS

Quand le vainqueur a quitté les armes, le vaincu a le devoir de quitter sa haine.

SÉNÈQUE

Saisir l'universel dans le particulier nous aide
à affronter l'existence en étant à la fois con-
cerné et détaché, capable d'alterner la tristesse et le rire.

CLAUDIO MAGRIS

Prenez garde à la tristesse, c'est un vice.

GUSTAVE FLAUBERT

Ce qu'il faudrait, c'est toujours concéder à
son prochain qu'il a une parcelle de vérité et
non pas de dire que toute la vérité est à moi,
à mon pays, à ma race, à ma religion.

AMADOU HAMPÂTÉ BÂ

Si un sacrifice est une tristesse pour vous, non une joie, ne le faites pas, vous n'en êtes pas digne.

ROMAIN ROLLAND

Il faut se garder de trois fautes : parler sans y être invité, ce qui est impertinence ; ne pas parler quand on y est invité, ce qui est de la dissimulation ; parler sans observer les réactions de l'autre, ce qui est de l'aveuglement.

CONFUCIUS

Plutôt que de savoir ce qui a été fait, combien il vaut mieux chercher ce qu'il faut faire.

SÉNÈQUE

Conquérir sa joie vaut mieux que de s'abandonner à sa tristesse.

ANDRÉ GIDE

Il est dit que tout homme doit découvrir quelque chose qui justifie sa vie.

Luis Sepulveda

La vie est tristesse. Surmonte-la.

Mère Teresa

Nous devons faire appel à la raison et créer une vie digne de nous-mêmes et des buts que nous percevons seulement faiblement.

Andreï Sakharov

Celui qui ne progresse pas chaque jour, recule chaque jour.

Confucius

Il est préférable de guérir l'offense plutôt que de la venger. La vengeance prend beaucoup de temps, elle expose à bien des offenses.

SÉNÈQUE

Ne vaut-il donc pas mieux guérir une blessure plutôt que de la venger ?

SÉNÈQUE

Examine si ce que tu promets est juste et possible, car la promesse est une dette.

CONFUCIUS

Nous ne nous approchons de la vérité que dans la mesure où nous nous éloignons de la vie.

SOCRATE

Le véritable bien se trouve dans le repos de la conscience.

SÉNÈQUE

Qui ne connaît la valeur des mots ne saurait connaître les hommes.

CONFUCIUS

Quiconque prétend s'ériger en juge de la vé- prité et du savoir s'expose à périr sous les éclats de rire des dieux puisque nous ignorons comment sont réellement les choses et que nous n'en connaissons que la représentation que nous en faisons.

ALBERT EINSTEIN

Agis avec gentillesse, mais n'attends pas de la reconnaissance.

CONFUCIUS

Une des clefs du bonheur est de garder le contrôle de la différence entre : dire ce que l'on pense et dire la vérité.

JEAN ABRAHAM

La vraie richesse d'un homme en ce monde se mesure au bien qu'il a fait autour de lui.

MAHOMET

Crois-moi, vivre ignoré, c'est vivre heureux, et l'on ne doit pas s'élever au-dessus de sa sphère.

OVIDE

Pas trop d'isolement, pas trop de relations ; le juste milieu, voilà la sagesse.

CONFUCIUS

C'est d'âme qu'il faut changer, non de climat.

SÉNÈQUE

Choisis un bon terrain pour ta demeure.
Choisis-le profond pour ton cœur.
Choisis envers autrui la bienveillance.
Choisis en paroles la vérité.

LAO-TSEU

Se connaître soi-même, c'est s'oublier.
S'oublier soi-même, c'est s'ouvrir à toutes
choses.

DÔGEN

Le rire est meilleur que la prière pour le salut
de l'âme.

HENRI GOUGAUD

On doit aimer son prochain comme soi-même ; ne pas lui faire ce que nous ne voudrions pas qu'il nous fît.

CONFUCIUS

C'est en parvenant à nos fins par l'effort, en étant prêt à faire le sacrifice de profits immédiats en faveur du bien-être d'autrui à long terme, que nous parviendrons au bonheur caractérisé par la paix et le contentement authentique.

DALAÏ LAMA

À force de remettre à plus tard, la vie nous dépasse.

SÉNÈQUE

Sois généreux, mais pas dépensier.

HAZRAT ALI

Il n'y a pas de véritable action sans volonté.

JEAN-JACQUES ROUSSEAU

❧

Qui triomphe de lui-même possède la force.

LAO-TSEU

❧

Reposez-vous. Une terre bien reposée donne une superbe récolte.

OVIDE

❧

Je sais et je sens que faire du bien est le plus vrai bonheur que le cœur humain puisse goûter.

JEAN-JACQUES ROUSSEAU

Avec nos pensées, nous créons le monde.

Il faut être juste avant d'être généreux, comme on a des chemises avant d'avoir des dentelles.

CHAMFORT

Si tu veux être heureux, être un homme libre, laisse les autres te mépriser.

SÉNÈQUE

Exige beaucoup de toi-même et attends peu des autres. Ainsi beaucoup d'ennuis te seront épargnés.

CONFUCIUS

Ne dis pas toi-même ce que tu ne veux pas entendre d'un autre.

SÉNÈQUE

Vivons donc heureusement, sans haïr ceux qui nous haïssent.

BOUDDHA

Tout ce qu'on ne fait pas par conviction est péché.

SAINT PAUL

Quiconque commet un péché le commet contre lui-même.

LE CORAN

Travaillez dur à vous accomplir en développant vos capacités.

SÉNÈQUE

Avoir assez d'empire sur soi-même pour juger des autres par comparaison avec nous, et agir envers eux, comme nous voudrions que l'on agît envers nous-mêmes, c'est ce qu'on peut appeler la doctrine de l'humanité ; il n'y a rien au-delà.

CONFUCIUS

Se regarder scrupuleusement soi-même, ne regarder que discrètement les autres.

CONFUCIUS

Ne jette pas de pierre dans la source où tu as bu.

LE TALMUD

Un homme libre ne pense à aucune chose moins qu'à la mort, et sa sagesse est une méditation non de la mort mais de la vie.

BARUCH SPINOZA

Si l'erreur a une mère, cette mère est la routine.

ZAMAKHSCHARI

Ne vous affligez pas de ce que les hommes ne vous connaissent pas ; affligez-vous de ne pas connaître les hommes.

CONFUCIUS

L'esclave est un homme libre s'il commande à ses appétits. L'homme libre est un esclave s'il court après ses plaisirs.

ABÛ YÛSUF IBN ISHAQ AL-KINDÎ

Comment peut-on apprendre à se connaître soi-même ? Par la méditation, jamais, mais bien par l'action.

GANDHI

L'homme supérieur ne demande rien qu'à lui-même ; l'homme vulgaire et sans mérite demande tout aux autres.

CONFUCIUS

Celui qui a rendu un service doit se taire ; c'est à celui qui l'a reçu de parler.

SÉNÈQUE

Si on cesse de se prendre la tête et se laisse porter par son influx positif, façon zen, des solutions apparaissent.

HELEN FIELDING

Il n'y a pas plus grand gourou que la vie elle-même.

JEAN-CLAUDE GENEL

Tu as tout à apprendre, tout ce qui ne s'apprend pas : la solitude, l'indifférence, la patience, le silence.

GEORGES PEREC

La nature fait les hommes semblables, la vie les rend différents.

CONFUCIUS

Ne rends pas tes souffrances plus fortes encore, ne te charge pas de plaintes, légère est la douleur si l'imagination ne la grossit.

SÉNÈQUE

Un hasard n'est rien pour une âme froide ou distraite ; il est un signe divin pour une âme obsédée.

ERNEST RENAN

Le fort fait ses événements, le faible subit ceux que la destinée lui impose.

ALFRED DE VIGNY

Le destin conduit celui qui consent et tire celui qui résiste.

CLÉANTHE

Quand vous voyez un homme sage, pensez à l'égaler en vertu. Quand vous voyez un homme dépourvu de sagesse, examinez-vous vous-même.

CONFUCIUS

Il faut préférer ce qui est impossible mais vraisemblable à ce qui est possible, mais incroyable.

ARISTOTE

Apprenez au grincheux à sourire et au peureux à agir. Le plus grand défi à réussir est d'aller contre nos habitudes.

LAMIA ZNAGUI

Le vrai domicile de l'homme n'est pas une maison mais la route, et la vie elle-même est un voyage à faire à pied.

BRUCE CHATWIN

Je gouvernerai ma vie et mes pensées comme si le monde entier devait être le témoin de l'une et pouvait lire dans les autres.

SÉNÈQUE

Le soleil ne se lève que pour celui qui va à sa rencontre.

HENRI LE SAUX

Veux-tu apprendre à bien vivre, apprends auparavant à bien mourir.

CONFUCIUS

La voie du juste milieu n'est pas suivie. Les hommes intelligents vont au-delà, les ignorants restent en deçà. Les sages veulent trop faire, et l'homme de peu pas assez. C'est ainsi que tout homme boit et mange, et que peu savent juger des saveurs.

CONFUCIUS

Il vaut mieux suivre le bon chemin en boitant que le mauvais d'un pas ferme.

SAINT AUGUSTIN

Les clés
du bonheur

Le bonheur de l'homme ce n'est pas la liberté, c'est l'acceptation d'un devoir.

ANDRÉ GIDE

Tous les hommes font la même erreur, de s'imaginer que bonheur veut dire que tous les vœux se réalisent.

LÉON TOLSTOÏ

Le bonheur, c'est le plaisir sans remords.

SOCRATE

Le savoir est de beaucoup la portion la plus considérable du bonheur.

SOPHOCLE

La source du vrai bonheur est en nous, et il ne dépend pas des hommes de rendre vraiment misérable celui qui sait vouloir être heureux.

JEAN-JACQUES ROUSSEAU

On ne doit se résigner qu'au bonheur.

ALFRED CAPUS

Ce que nous appelons bonheur consiste dans l'harmonie et la sérénité, dans la conscience d'un but, dans une orientation positive, convaincue et décidée de l'esprit, bref dans la paix de l'âme.

THOMAS MANN

Le bonheur, c'est avoir une bonne santé et une mauvaise mémoire.

INGRID BERGMAN

Le bonheur est la plus grande des con-
quêtes, celle qu'on fait contre le destin qui
nous est imposé.

ALBERT CAMUS

Le bonheur est la vocation de l'homme.

HENRI LACORDAIRE

Le bonheur, quel qu'il soit, apporte air, lumière et liberté de mouvement.

FRIEDRICH NIETZSCHE

Le bonheur est une récompense qui vient à
ceux qui ne l'ont pas cherchée.

ALAIN

Le bonheur est né de l'altruisme et le malheur de l'égoïsme.

BOUDDHA

Le bonheur est à ceux qui se suffisent à eux-mêmes.

ARISTOTE

Le bonheur n'a point d'enseigne extérieure ; pour le connaître, il faudrait lire dans le cœur de l'homme heureux.

JEAN-JACQUES ROUSSEAU

Le bonheur est une petite chose que l'on grignote, assis par terre, au soleil.

JEAN GIRAUDOUX

On ne devrait pas vivre que pour le plaisir. Rien ne vieillit comme le bonheur.

OSCAR WILDE

Le bonheur, c'est le plaisir qu'on n'attend pas.

HAKIM MAZOUNI

Si on ne voulait qu'être heureux, cela serait bientôt fait. Mais on veut être plus heureux que les autres, et cela est presque toujours difficile parce que nous croyons les autres plus heureux qu'ils ne sont.

MONTESQUIEU

Le bonheur est un mythe inventé par le diable pour nous désespérer.

GUSTAVE FLAUBERT

Que de bonheurs possibles dont on sacrifie ainsi la réalisation à l'impatience d'un plaisir immédiat.

MARCEL PROUST

Le bonheur se distingue du plaisir : ce dernier n'est pas lié au sentiment de l'existence, on ne s'y oublie pas en tant qu'être singulier. Ici se loge la deuxième raison qui peut expliquer la rareté de ce bonheur en littérature.

DALAÏ LAMA

Si le plaisir existe, et si on ne peut en jouir qu'en vie, la vie est donc un bonheur.

GIOVANNI CASANOVA

Le bonheur n'est pas le but mais le moyen de la vie.

PAUL CLAUDEL

Un grand obstacle au bonheur, c'est de s'atten-dre à un trop grand bonheur.

BERNARD FONTENELLE

Dieu n'a pas prévu le bonheur pour ses créa-tures : il n'a prévu que des compensations.

JEAN GIRAUDOUX

Le bonheur est un fruit délicieux, qu'on ne rend tel qu'à force de culture.

RESTIF DE LA BRETONNE

Lorsqu'on souffre d'une vraie souffrance, comme on regrette même un faux bonheur !

ARMAND SALACROU

Ce qui m'intéresse, ce n'est pas le bonheur de tous les hommes, c'est celui de chacun.

BORIS VIAN

Tout bonheur est un chef-d'œuvre : la moindre erreur le fausse, la moindre hésitation l'altère, la moindre lourdeur le dépare, la moindre sottise l'abêtit.

MARGUERITE YOURCENAR

La grande affaire et la seule qu'on doive avoir, c'est de vivre heureux.

VOLTAIRE

Bonheur : faire ce que l'on veut et vouloir ce que l'on fait.

FRANÇOISE GIROUD

Le bonheur, c'est être heureux ; ce n'est pas de faire croire aux autres qu'on l'est.

JULES RENARD

Tant d'hommes qu'on croit heureux parce qu'on ne les voit que passer.

ASTOLPHE DE CUSTINE

Le bonheur ne consiste pas à acquérir ni à jouir, mais à ne rien désirer, car il consiste à être libre.

ÉPICTÈTE

On n'est pas heureux : notre bonheur, c'est le silence du malheur.

JULES RENARD

Le bonheur est une chose bizarre. Les gens qui ne l'ont jamais connu ne sont peut-être pas réellement malheureux.

LOUIS BROMFIELD

Il n'y a pas de honte à préférer le bonheur.

ALBERT CAMUS

Le bonheur n'est pas un gros diamant, c'est une mosaïque de petites pierres harmonieusement rangées.

ALPHONSE KARR

Le bonheur n'est jamais immobile.

ANDRÉ MAUROIS

Il faut créer le bonheur pour protester contre l'univers du malheur.

ALBERT CAMUS

Le bonheur est à ceux qui se suffisent à eux-mêmes

ARISTOTE

Les hommes ne veulent pas construire leur bonheur, ils veulent seulement réduire leur malheur.

BERNARD WERBER

Le bonheur est quelque chose qui se multiplie quand il se divise.

PAULO COELHO

Ce n'est pas de vivre selon la science qui procure le bonheur ; ni même de réunir toutes les sciences à la fois, mais de posséder la seule science du bien et du mal.

PLATON

Il n'y a point de bonheur sans courage, ni de vertu sans combat.

JEAN-JACQUES ROUSSEAU

Le bonheur est salutaire pour les corps, mais c'est le chagrin qui développe les forces de l'esprit.

MARCEL PROUST

Il y a une espèce de honte d'être heureux à la vue de certaines misères.

JEAN DE LA BRUYÈRE

Le bonheur est parfois une bénédiction, mais, le plus souvent, c'est une conquête.

PAULO COELHO

La contemplation de certains bonheurs dégoûte du bonheur : quel orgueil ! C'est quand on est jeune surtout que la vue des félicités vulgaires vous donne la nausée de la vie.

GUSTAVE FLAUBERT

Le bonheur est vide, le malheur est plein.

VICTOR HUGO

Le bonheur qu'on veut avoir gâte celui qu'on a déjà.

JACQUES DEVAL

Le bonheur, c'est de continuer à désirer ce qu'on possède.

SAINT AUGUSTIN

Le plus grand bonheur? Avoir tous les vices du monde, sans les reproches ni les remords qui les accompagnent.

JULIEN FÉRET

Si vous nagez dans le bonheur, soyez prudent, restez là où vous avez pied.

MARC ESCAYROL

Le fameux bonheur d'être deux a fait plus d'infortunes que le malheur d'être seul.

PAUL MORAND

Les hommes sont mille fois plus acharnés à acquérir des richesses que la culture, bien qu'il soit parfaitement certain que le bonheur d'un individu dépend bien plus de ce qu'il est que de ce qu'il a.

ARTHUR SCHOPENHAUER

Le bonheur, comme la richesse, a ses parasites.

RÉMY DE GOURMONT

On n'est heureux que par hasard.

JULES RENARD

Le bonheur, c'est la somme de tous les malheurs qu'on n'a pas.

MARCEL ACHARD

Le bonheur humain est composé de tant de pièces qu'il en manque toujours.

BOSSUET

Le bonheur, c'est de le chercher.

JULES RENARD

Il entre dans la composition de tout bonheur l'idée de l'avoir mérité.

JOSEPH JOUBERT

Nous recherchons tous le bonheur, mais sans savoir où, comme des ivrognes qui cherchent leur maison, sachant confusément qu'ils en ont une.

VOLTAIRE

Ma vie est une énorme injustice : je suis trop heureux.

JEAN MARAIS

Le bonheur ne consiste pas dans la possession de troupeaux et d'or. C'est dans l'âme qu'est le siège de la béatitude.

DÉMOCRITE

Le vrai bonheur ne se trouve pas dans la richesse et les honneurs, mais dans le devoir vaillamment accompli, ainsi que les bonnes actions.

JOSEPH THOMAS

La gastronomie est l'art d'utiliser la nourriture pour créer le bonheur.

THEODORE ZELDIN

Qu'une vie est heureuse quand elle commence par l'amour et finit par l'ambition. Si j'avais à en choisir une, je prendrais celle-ci.

BLAISE PASCAL

On n'est jamais si heureux ni si malheureux qu'on s'imagine.

LA ROCHEFOUCAULD

Une bonne cuisinière est une fée qui dispense le bonheur.

ELSA SCHIAPARELLI

Il est bien vrai que nous devons penser au bonheur d'autrui ; mais on ne dit pas assez que ce que nous pouvons faire de mieux pour ceux qui nous aiment, c'est encore d'être heureux.

ALAIN

Il ne suffit pas d'être heureux : il faut encore
que les autres ne le soient pas.

JULES RENARD

Si j'en juge par mon regret de quitter la vie,
j'ai dû être plus heureux que je ne pensais.

CLAUDE AVELINE

En toute espèce de biens, posséder est peu
de chose ; c'est jouir qui rend heureux.

BEAUMARCHAIS

Si nous sommes dans la joie, gardons-nous
de porter nos pensées au-delà du présent.

HORACE

Le bonheur, c'est une station sur la route entre le pas assez et le trop.

CHANNING POLLOCK

L'homme est malheureux parce qu'il ne sait pas qu'il est heureux.

FIODOR DOSTOÏEVSKI

Le bonheur, c'est quand le temps s'arrête.

GILBERT CESBRON

En quoi le bonheur peut-il bien consister sinon à n'être pas trop malheureux entre des malheurs !

JEAN ROSTAND

Le bonheur, c'est tout ce qui arrive entre deux emmerdements...

JEAN-BAPTISTE LAFOND

Si tu veux comprendre le mot bonheur, il faut l'entendre comme récompense et non comme but.

ANTOINE DE SAINT-EXUPÉRY

Si l'on bâtissait la maison du bonheur, la plus grande pièce serait la salle d'attente.

GILBERT CESBRON

Le bonheur ne consiste pas à acquérir et à jouir, mais à ne rien désirer, car il consiste à être libre.

ÉPICTÈTE

Les gens ne connaissent pas leur bonheur,
mais celui des autres ne leur échappe pas.

PIERRE DANINOS

Le plus grand secret pour le bonheur, c'est
d'être bien avec soi.

BERNARD FONTENELLE

Le bonheur est une chose qui se vit et se
sent, et non qui se raisonne et se définit.

MIGUEL DE UNAMUNO

Il n'y a pas besoin de parler. Il n'y a que deux
choses qui servent au bonheur : c'est de
croire et d'aimer.

CHARLES NODIER

Manifester son bonheur est un devoir ; être ouvertement heureux donne aux autres la preuve que le bonheur est possible.

ALBERT JACQUARD

Le malheur est le père du bonheur de demain.

ALBERT COHEN

Le bonheur est comme l'écho : il vous répond mais ne vient pas.

CARMEN SILVA

Les grands bonheurs viennent du ciel, les petits bonheurs viennent de l'effort.

PROVERBE CHINOIS

Le bonheur est la plus cruelle des armes aux mains du temps.

PAUL VALÉRY

Est heureux qui croit l'être.

PROVERBE FRANÇAIS

Tout le malheur vient de l'amour de soi et tout le bonheur du cœur altruiste.

SHANTIDEVA

Les hommes, et il ne faut pas s'en étonner, paraissent concevoir le bien et le bonheur d'après la vie qu'ils mènent.

ARISTOTE

Il faut être discret quand on parle de son bonheur, et l'avouer comme si l'on se confessait d'un vol.

JULES RENARD

Prends garde ! Le bonheur qui déborde éclabousse le voisin !

JULES RENARD

Le bonheur est un idéal de l'imagination et non de la raison.

EMMANUEL KANT

L'origine de toute joie en ce monde est la quête du bonheur d'autrui.
L'origine de toute souffrance en ce monde est la quête de mon propre bonheur.

SHANTIDEVA

Défier
le malheur

Les grandes routes du conformisme mènent
à la médiocrité et au malheur.

NICOLAS HULOT

La dérision en toutes choses est l'ultime défi
au malheur.

SÉBASTIEN JAPRISOT

Ceux qui disent que la vie n'est qu'un assem-
blage de malheurs veulent dire que la vie
même est un malheur. Si elle est un malheur,
la mort est donc un bonheur.

GIOVANNI CASANOVA

On commence à avoir des malheurs quand
on a cessé de ne penser qu'à soi.

BORIS VIAN

Les gens qui se plaignent constamment vivent leurs malheurs deux fois. D'où leur humeur chagrine.

JEAN DUTOURD

C'est un grand malheur de perdre par notre caractère les droits que nos talents nous donnent sur la société.

CHAMFORT

La vie se divise en deux catégories : l'horreur et le malheur.

WOODY ALLEN

Avec la culpabilité, le malheur est la chose la plus démocratique du monde. On y a tous droit à un moment ou à un autre.

ERIC NEUHOFF

Il n'y aurait pas de bonheur si le malheur n'y avait pas aidé.

PROVERBE RUSSE

Rien ne grise comme le vin du malheur.

HONORÉ DE BALZAC

Tout le malheur vient de l'amour de soi et tout le bonheur du cœur altruiste.

SHANTIDEVA

C'est au malheur à juger du malheur.

FRANÇOIS RENÉ DE CHATEAUBRIAND

Les malheureux sont ingrats ; cela fait partie de leur malheur.

VICTOR HUGO

L'homme souffre davantage du bonheur des autres que de son propre malheur.

FRANÇOIS BIZOT

L'homme n'amène pas son propre malheur, et si nous souffrons, c'est par la volonté de Dieu, bien que je n'arrive pas à comprendre pourquoi il se croit obligé de tellement en remettre.

WOODY ALLEN

Il n'y a pas de vrai bonheur sans qu'il s'y mêle un petit peu le sens du malheur...

ROBERT SABATIER

Le vrai malheur rend le vrai bonheur presque inimaginable.

CLAUDE ROY

Presque tous les malheurs de la vie viennent des fausses idées que nous avons sur ce qui nous arrive.

BLAISE PASCAL

Plus nombreux les malheurs, plus lourd en est le poids.

PROVERBE ANGLAIS

Nous n'avons pas assez de larmes pour tous les malheurs du monde, il faut bien rire de quelques-uns d'entre eux.

TONY DUVERT

Rien n'est plus drôle que le malheur... C'est la chose la plus comique de monde.

SAMUEL BECKETT

Une société parfaitement juste ferait le malheur des crétins. Une société injuste leur laisse au moins l'illusion qu'ils n'ont pas la place qu'ils méritent.

MICHEL POLAC

Le malheur de celui qui maltraite tout le monde est de ne pas trouver un ami dans sa misère.

PROVERBE ORIENTAL

Le malheur d'autrui ne guérit pas une peine.

PROVERBE PORTUGAIS

La langue prompte des femmes est l'escalier par lequel arrive le malheur.

PROVERBE CHINOIS

Le temps est un grand maître. Le malheur, c'est qu'il tue ses élèves.

BOUDDHA

Dieu a permis le malheur parce qu'il rend l'homme intelligent.

RUPPERT BARNES

Les calamités sont de deux ordres : le malheur qui nous atteint et le coup de chance qui arrive aux autres.

AMBROSE BIERCE

Se tromper est un petit malheur, mais s'égarer en est un grand.

JOSEPH JOUBERT

Le bonheur vient de l'attention prêtée aux petites choses, et le malheur de la négligence des petites choses.

PROVERBE CHINOIS

La chèvre morte est un malheur pour le pro-priétaire de la chèvre ; mais que la tête de la chèvre soit mise dans la marmite n'est un malheur que pour la chèvre elle-même.

PROVERBE AFRICAIN

Le plus grand malheur du siècle, c'est la dis-crimination dont le bonheur fait preuve.

JULIEN FÉRET

Le fâcheux, c'est d'être né, et l'on peut pour-tant dire de ce malheur-là que le remède est pire que le mal.

MARIE DU DEFFAND

Un bonheur n'arrive jamais deux fois, mais un malheur ne vient jamais seul.

YU DAFU

Un des grands malheurs de l'homme, c'est que ses bonnes qualités mêmes lui sont quelquefois inutiles, et que l'art de s'en servir et de bien les gouverner n'est souvent qu'un fruit tardif de l'expérience.

CHAMFORT

Une lecture m'émeut plus qu'un malheur réel.

GUSTAVE FLAUBERT

C'est le malheur qui met en pleine lumière la véritable amitié, et la vertu se fait aimer, toujours, par son seul prestige.

EURIPIDE

Trouver la joie

Il ne faut pas oublier que, tandis que le partage de la joie en accroît l'étendue sur cette terre, le partage de la douleur n'en diminue pas la somme.

OSCAR WILDE

La joie des autres est une grande part de la nôtre.

ERNEST RENAN

La joie est pareille à un fleuve : rien n'arrête son cours.

HENRY MILLER

Pour connaître la joie, il faut partager. Le bonheur est né jumeau.

LORD BYRON

Il faut avoir subi les rigueurs de la vie pour en savourer les joies simples.

ALAIN MONNIER

La joie est suspendue à des épines.

PROVERBE ALLEMAND

Qu'importe le bonheur quand on n'a point la joie !

JULES RENARD

Tout délai nous est long qui retarde nos joies.

OVIDE

Tu trouveras, dans la joie ou dans la peine,
Ma triste main pour soutenir la tienne,
Mon triste cœur pour écouter le tien.

ALFRED DE MUSSET

Un jour la joie, un jour la tristesse, tous les jours le sourire.

SÉBASTIEN FAUVEL

Qui connaît sa douleur la décime. Mais qui connaît sa joie la décuple.

JEAN PRIEUR

Le désir qui naît de la joie est plus fort que le désir qui naît de la tristesse.

BARUCH SPINOZA

D'une joie même, le souvenir a son amertume, et le rappel d'un plaisir n'est jamais sans douleur.

OSCAR WILDE

L'art d'assaisonner les plaisirs n'est que celui d'en être avare.

JEAN-JACQUES ROUSSEAU

La joie d'avoir travaillé est mauvaise : elle empêche de continuer.

JULES RENARD

Tout désirer : chagrin ; tout accepter : joie.

PROVERBE INDIEN

La vie n'est pas la joie. C'est la tension dans l'effort continu ; c'est le labeur physique et le surmenage intellectuel ; c'est l'austère accomplissement du quotidien devoir.

THÉODORE MONOD

Pour une joie, mille douleurs.

PROVERBE FRANÇAIS

L'espérance est une échappatoire, la joie une affirmation positive du maintenant et de l'ici.

ANTOINE SPIR

La joie est le soleil des âmes ; elle illumine celui qui la possède et réchauffe tous ceux qui en reçoivent les rayons.

CARL REYSZ

De la joie chez les gens intelligents est la chose la plus rare que je connaisse.

ERNEST HEMINGWAY

L'arbre de la tristesse, ne le plante pas dans ton cœur. Relis chaque matin le livre de la joie.

OMAR KHAYYÂM

Est-il indispensable, après tout, de découvrir qui l'on est ? Et n'y a-t-il pas plus de joie à se méconnaître et à se perdre de vue ?

JEAN-PAUL ENTHOVEN

Toute beauté est joie qui demeure.

JOHN KEATS

On a beau croire le contraire, la joie se partage moins que le malheur.

ALICE FERNEY

La joie prolonge la vie.

BEN SIRA

La joie de la vie procède d'une conscience pure et nette.

PROVERBE ORIENTAL

Vaincre
la tristesse

Il y a des hommes qui préfèrent la solitude...
pour vivre davantage leurs propres remords et
leur propre tristesse.

HUGO PRATT

La tristesse rend vieux avant l'heure.

HAZRAT ALI

Ce serait drôle, tout de même, que la nature
s'abstînt d'être gaie pour ne pas contraster
avec notre tristesse !

JULES RENARD

Le tort commun des malheureux est de ne
jamais vouloir croire à ce qui leur est favorable.

SÉNÈQUE

Un jour la joie, un jour la tristesse, tous les jours le sourire.

SÉBASTIEN FAUVEL

C'est dans l'absolue ignorance de notre raison d'être qu'est la racine de notre tristesse et de nos dégoûts.

ANATOLE FRANCE

Si la tristesse est si près de la fortune, pourquoi l'envie est-elle si loin de la pitié ?

RIVAROL

Si nous ne voyions autour de nous que des gens joyeux, la gaieté finirait par devenir d'une tristesse désespérante.

PIERRE DAC

L'humour est une plante gaie arrosée de tristesse.

Pierre Daninos

Comme le ver mange le vêtement, et la pourriture le bois, ainsi la tristesse de l'homme lui ronge le cœur.

La Bible

Cette tristesse, que nos fautes nous causent, a un nom particulier, et s'appelle repentir.

Bossuet

Nos plaisirs les plus doux ne vont pas sans tristesse.

Pierre Corneille

Entre la vie et la mort, il n'y a qu'un pas, entre la tristesse et le bonheur, il y a une route infinie.

MICHEL LINH

Jamais nous ne goûtons de parfaite allégresse :
Nos plus heureux succès sont mêlés de tristesse.

PIERRE CORNEILLE

La tristesse vient de la solitude du cœur.

MONTESQUIEU

La confirmation de la tristesse est une consolation.

MARGUERITE DURAS

Comme la teigne au vêtement et le ver au bois,
ainsi nuit la tristesse au cœur de l'homme.

PROVERBE

Adieu tristesse
Bonjour tristesse
Tu n'es pas tout à fait la misère
Car les lèvres les plus pauvres te dénoncent
Par un sourire.

PAUL ÉLUARD

La joie et la tristesse sont toutes deux des
chaînes ; l'une est en or et l'autre est en fer,
mais elles sont également faites pour nous
enchaîner et nous empêcher de réaliser notre vraie nature.

SWAMI VIVEKANANDA

La diligente abeille n'a pas de temps pour la
tristesse.

WILLIAM BLAKE

Nous sommes si aveugles que nous ne savons quand nous devons nous affliger ou nous réjouir : nous n'avons presque jamais que de fausses tristesses ou de fausses joies.

Montesquieu

Ne laisse pas la tristesse t'étreindre avant que la terre te prenne dans son sein.

Omar Khayyâm

La beauté est la nourriture de l'œil et la tristesse de l'âme.

Proverbe allemand

Sur ce sentiment inconnu, dont l'ennui, la douceur m'obsèdent, j'hésite à apposer le nom, le beau nom grave de tristesse.

Françoise Sagan

La seule vraie tristesse est l'absence de désir.

CHARLES-FERDINAND RAMUZ

La tristesse pure est aussi impossible que la joie pure.

LÉON TOLSTOÏ

Hélas ! La grande tristesse actuelle est que les choses n'ont plus le temps de vieillir.

FRANCIS CARCO

L'âme résiste bien plus aisément aux vives douleurs qu'à la tristesse prolongée.

JEAN-JACQUES ROUSSEAU

Souvent une fausse joie vaut mieux qu'une tristesse dont la cause est vraie.

RENÉ DESCARTES

Une ivresse efface mille tristesses.

PROVERBE CHINOIS

Sur les ailes du Temps, la tristesse s'envole.

JEAN DE LA FONTAINE

Il n'y a rien de plus triste que la tristesse d'un homme gai.

ARMANDO PALACIO VALDÉS

La tristesse est un mur élevé entre deux jardins.

KHALIL GIBRAN

Atteindre la sagesse

Ce n'est pas la sagesse qu'on craint, mais l'âge qu'on a quand on se met à la pratiquer.

FRANCIS DANNEMARK

Les frontières de la sagesse sont inexplorées.

TRISTAN TZARA

Chercher son bonheur, c'est chercher une île déserte et minuscule dans une petite barque inconfortable munie d'une seule rame. Le malheur, c'est perdre la rame. La sagesse, c'est comprendre que l'île n'existe pas...

ROMAIN WERLEN

Le sage poursuit l'absence de douleur et non le plaisir.

ARISTOTE

Le sage a honte de ses défauts, mais n'a pas honte de s'en corriger.

CONFUCIUS

Qui est le plus sage ? Celui qui accepte tout ou celui qui a décidé de ne rien accepter ? La résignation est-elle une sagesse ?

EUGÈNE IONESCO

La sagesse nous envoie à l'enfance.

BLAISE PASCAL

La connaissance sans la sagesse est de l'intelligence artificielle....

JULIANA M. PAVELKA

Le doute est le commencement de la sagesse.

ARISTOTE

La sagesse est de voir le nouveau dans l'ordinaire, en s'accommodant du monde tel qu'il est. Il y a des trésors cachés dans l'instant présent.

SANTOKA

Les passions font vivre l'homme, la sagesse le fait seulement durer.

CHAMFORT

L'homme qui a de la sagesse est lent à la colère. Et il met sa gloire à oublier les offenses.

LA BIBLE

Pour un mot, un homme est réputé sage ;
pour un mot, un homme est jugé sot.

CONFUCIUS

La sagesse est unique car elle possède la
forme que nous lui donnons. Elle est secrète.
Elle est sacrée car elle est le divin qui sourit
en chacun de nous.

LAURENCE E. FRITSCH

La sagesse qu'un sage cherche à communi-
quer à toujours un air de folie.

HERMANN HESSE

La sagesse est fille de l'expérience.

LÉONARD DE VINCI

La sagesse se nourrit selon ses besoins, guidée par autrui mais libre de toute dépendance.

LAURENCE E. FRITSCH

Se peut-il qu'un homme soit moins sage qu'un oiseau ?

CONFUCIUS

Dans tous les cas, le jour qui se lève est l'aube d'un nouveau pas sur le chemin de l'évolution, de la croissance de l'être et - qui sait ? - de la sagesse.

LAURENCE E. FRITSCH

La justice de l'intelligence est la sagesse. Le sage n'est pas celui qui sait beaucoup de choses, mais celui qui voit leur juste mesure.

PLATON

La sagesse est la connaissance des choses divines et des choses humaines.

CICÉRON

La sagesse commence dans l'émerveillement.

SOCRATE

L'humanité découvrira qu'il y a plusieurs croyances différentes, mais une seule et même foi partout proposée... Il ne peut y avoir qu'une seule sagesse.

NICOLAS DE CUES

Il y a longtemps que le rôle de sage est dangereux parmi les fous.

DENIS DIDEROT

Toute beauté morale est accomplie en ce monde par cette sagesse inconcevable qui vient de Dieu et ressemble à la folie.

ANATOLE FRANCE

Sagesse cachée et trésor invisible, à quoi servent-ils l'un et l'autre? Mieux vaut un homme qui cache sa folie qu'un homme qui cache sa sagesse.

LA BIBLE

Le trafic de la sagesse vaut mieux que celui de l'argent, et le fruit qu'on en tire est plus excellent que l'or le plus fin et le plus pur.

LA BIBLE

La crainte du gendarme est le commencement de la sagesse.

PROVERBE FRANÇAIS

Une partie importante de la sagesse et de la connaissance consiste à ne plus vouloir transformer les gens en ce qu'ils ne sont pas, mais à accepter ce qu'ils sont, à comprendre leur expérience de vie.

Fun-Chang

La sagesse n'est jamais du côté de celui qui parle.

Amélie Nothomb

Le commerce du sage est sans valeur, et il perfectionne ; le commerce de l'homme de peu est agréable, et il corrompt.

Confucius

Il faut souvent donner à la sagesse l'air de la folie, afin de lui procurer ses entrées.

Denis Diderot

Quand un homme ordinaire atteint le savoir, il est sage. Quand un sage atteint la compréhension, il est un homme ordinaire.

KOAN ZEN

L'esprit instable et dispersé, ignorant la vraie doctrine, aimant la flatterie, ne sera jamais mûr pour la sagesse.

BOUDDHA

La femme a plus de sagesse qu'une oie ; quand il pleut, elle se met au sec sous un toit.

GEILER DE KAYSERSBERG

La plus grande des sagesses est toujours de rester enfant jusque dans ses vieux jours.

VICTOR SCHMITT

Quand s'accomplit la destinée, l'œil de la sagesse s'obscurcit.

PROVERBE TURC

Le sage ne s'afflige pas de ce que les hommes ne le connaissent pas ; il s'afflige de ne pas connaître les hommes.

CONFUCIUS

La sagesse, c'est laisser croître ce qui naît, savourer ce qui est mûr et laisser aller ce qui est mort.

SHAFIQUE KESHAVJEE

La Sagesse est l'art des expériences.

CLAUDE THOMASS

Les destinées humaines sont entre elles
soudées d'un ciment de sagesse.

MILAN KUNDERA

La sagesse chez un pauvre est un diamant
serti dans du plomb.

PROVERBE ANGLAIS

La conscience de l'ignorance est le commencement du doute, lequel conduit à la
sagesse.

CATHERINE CLÉMENT

La sagesse a son temps, il ne vient que trop
tôt : ce n'est pas être sage qu'être sage plus
qu'il ne faut.

PHILIPPE QUINAULT

Le palais conduit à la gloire, le marché à la fortune et la solitude à la sagesse.

PROVERBE CHINOIS

Les idéals ayant un penchant si irrésistible à nous décevoir, c'est sagesse que d'en avoir plusieurs.

HENRY DE MONTHERLANT

La paralysie est le commencement de la sagesse.

FRANCIS PICABIA

La sagesse est préférable à la force, parce qu'elle exécute des choses dont la force ne peut venir à bout.

PROVERBE ORIENTAL

S'il y a dans le sublime de l'homme les trois quarts de folie, il y a dans la sagesse les trois quarts de mépris.

JULES BARBEY D'AUREVILLY

La sagesse n'est pas capricieuse comme la fortune, mais elle passe bien moins souvent.

MAURICE MAGRE

Que sert à l'insensé d'avoir de grands biens puisqu'il ne peut pas en acheter la sagesse?

LA BIBLE

La vraie sagesse se trouve loin des gens, dans la grande solitude.

PROVERBE ESKIMO

Une poignée de chance vaut mieux qu'un sac plein de sagesse.

PROVERBE ALLEMAND

Pourquoi ce ne sont pas les riches qui vont au sage, mais plutôt l'inverse ? Parce que les sages savent bien ce dont ils ont besoin pour vivre, tandis que les riches l'ignorent, dépendant de l'argent plus que de la sagesse.

ANTISTHÈNE

Je ne tiens pas pour sage celui qui ne veut ajouter foi aux merveilles de ce monde comme sont les fées.

JEHAN D'ARRAS

Faire sentir sa sagesse indispose les hommes, la faire oublier fait aimer.

LIE-TZU

Faire de grands discours éloquents n'est pas une preuve de sagesse. L'homme apaisé, sans haine ni peur, mérite d'être appelé sage.

Bouddha

Si jamais j'acquiers la Sagesse, je serai assez sage, j'imagine, pour en tirer parti.

Somerset Maugham

Un savoir multiple n'enseigne pas la sagesse.

Héraclite d'Ephèse

La sagesse est l'art de vivre.

Cicéron

Tu ne sais rien de la sagesse tant que tu n'as pas fait l'épreuve des ténèbres, qui te retranchent d'un chacun, sans recours et sans bruit.

Hermann Hesse

Le sage parle parce qu'il a quelque chose à dire, le fou parce qu'il a à dire quelque chose.

PLATON

La vraie sagesse, la vraie supériorité ne se gagne pas en luttant mais en laissant les choses se faire d'elles-mêmes. Les plantes qui résistent au vent se cassent, alors que les plantes souples survivent aux ouragans.

ÉPICURE

S'habiller à sa taille, et se chausser à son pied : voilà la sagesse.

HORACE

Une conscience troublée par les désirs ne peut se libérer ; et une sagesse troublée par l'ignorance ne peut se développer.

BOUDDHA

Est vraiment sage celui qui, sans présumer d'avance qu'on cherche à le tromper ou qu'on se méfie de lui, est capable de déjouer au moment voulu les ruses.

CONFUCIUS

La justice de l'intelligence est la sagesse. Le sage n'est pas celui qui sait beaucoup de choses, mais celui qui voit leur juste mesure.

PLATON

La véritable force commence par la sagesse.

JEAN VAN HAMME

La chose du monde à laquelle un homme libre pense le moins, c'est la mort ; et la sagesse n'est point la méditation de la mort mais de la vie.

BARUCH SPINOZA

Garder
l'espoir

L'espoir est une bulle irisée qui colore fugitivement la vie.

JEAN MAUDUIT

Nos vies sont faites d'événements majeurs qui n'ont pas eu lieu, elles sont l'écume de ces espoirs sans suite.

DOMINIQUE NOGUEZ

L'espoir est la plus grande entrave à la vie. En prévoyant demain, aujourd'hui se perd.

SÉNÈQUE

Vivre sans espoir, c'est cesser de vivre.

FIODOR DOSTOÏEVSKI

Le vieillard le plus âgé garde toujours l'espoir
d'allonger sa vie d'un lendemain.

Jonathan Swift

L'espérance... est la plus grande et la plus difficile victoire qu'un homme puisse remporter
sur son âme.

Georges Bernanos

Le sourire de l'Homme est un espoir déçu.

Xavier Forneret

La douleur persiste pour qui n'a pas d'espoir.

Hazrat Ali

On est peu de chose devant une vaine lueur d'espoir.

ALEXANDRE MILLAN

On ne pleure jamais tant que dans l'âge des espérances ; mais quand on n'a plus d'espoir, on voit tout d'un œil sec, et le calme naît de l'impuissance.

RIVAROL

L'espérance est un risque à courir.

GEORGES BERNANOS

Espoir, déception : deux ennemis qui s'entendent très bien ensemble.

EUGÈNE VIVIER

Le chaos est rempli d'espoir parce qu'il annonce une renaissance.

COLINE SERREAU

L'espoir est le privilège des perdants...

JEAN VAN HAMME

L'espoir c'est penser que les choses peuvent s'arranger en sachant très bien que l'on ne peut rien changer.

JEAN-LOUIS NOTTRELET

Espoir de gain diminue la peine.

PROVERBE FRANÇAIS

Quand il n'y a plus de chance, il y a encore l'espoir.

JEAN-MICHEL RIBES

Qui vit d'espoir meurt de désir.

PROVERBE ITALIEN

Ne pas confondre espoir et illusion, car si l'espoir fait vivre, les désillusions peuvent faire le désespoir.

ANGÉLIQUE PLANCHETTE

Celui qui n'a pas de pain se nourrit d'espoir.

CAMILLE PAULHAN

Il y a de l'espoir pour tout le monde, c'est ce qui fait tourner l'univers.

Paul Auster

Donne un cheval à celui qui dit la vérité... il en aura besoin pour s'enfuir.

Proverbe afghan

L'espoir c'est dangereux. L'espoir peut rendre un homme fou.

Frank Darabont

C'est l'imagination qui étend pour nous la mesure des possibles, et nourrit les désirs par l'espoir de les satisfaire.

Jean-Jacques Rousseau

C'est parfois d'une situation désespérée que jaillit l'espoir.

LAO TSEU

Celui qui a de l'espoir voit le succès où d'autres voient l'échec, le soleil où d'autres voient les ténèbres et la tempête.

O.S. MARDEN

L'espoir est une vertu d'esclaves.

ÉMILE MICHEL CIORAN

L'espoir est le désir, mais ouvert à la peur.

GEORGES BATAILLE

L'espoir garde le pauvre en vie, la peur tue le riche.

PROVERBE SCANDINAVE

L'espoir est une mémoire qui désire.

HONORÉ DE BALZAC

L'espoir, c'est ce qui meurt en dernier.

PROVERBE IRLANDAIS

Chaque fois qu'un homme défend un idéal, ou une action pour améliorer le sort des autres ou s'élever contre une injustice, il envoie dès lors une petite vague d'espoir.

ROBERT FITZGERALD KENNEDY

C'est seulement à cause de ceux qui sont sans espoir que l'espoir nous est donné.

WALTER BENJAMIN

L'espoir réside dans la faculté de se tromper.

LEWIS THOMAS

Dans toutes les larmes s'attarde un espoir.

SIMONE DE BEAUVOIR

La peur ne peut se passer de l'espoir et l'espoir, de la peur.

BARUCH SPINOZA

L'enfer, c'est l'attente sans espoir.

ANDRÉ GIROUX

L'espérance est le seul bien de ceux qui n'en ont plus.

BUSSY-RABUTIN

Il y a en chacun de nous des calculs que nous nommons espérance.

PLATON

Ceux qui ont beaucoup à espérer et rien à perdre seront toujours dangereux.

EDMUND BURKE

L'espoir, au contraire de ce qu'on croit, équivaut à la résignation. Et vivre, c'est ne pas se résigner.

ALBERT CAMUS

Les bienfaits
du pardon

Au pardon qui sourit la sagesse commence ;
Il n'est pas qu'équité sans un peu de clémence.

GEORGES COURTELINE

La tombe est un obstacle à tous les regrets, à tous les pardons.

HENRY ROTH

Le pardon, vous savez ce que c'est ? C'est l'indifférence pour ce qui ne touche pas.

ALEXANDRE DUMAS FILS

S'abstenir de punir n'est pardon que quand il existe le pouvoir de punir.

GANDHI

C'est le riche qui commet la faute et c'est le pauvre qui demande pardon.

Rien n'obtient le pardon plus promptement que le repentir.

Le pardon est la plus belle des choses, mais la vengeance est tellement plus satisfaisante.

SIMON DUSSAULT

Le pardon est la plus belle fleur de la victoire.

On demande pardon quand tout est gâché et que cette absolution tardive ne peut plus rien réparer.

HUBERT AQUIN

Rien n'est peut-être plus égoïste que le pardon.

ANDRÉ CHAMSON

Le riche commet une injustice, et il frémit d'indignation ; le pauvre est maltraité, et il demande pardon.

LA BIBLE

Il faut être psychothérapeute pour savoir combien il est rare d'obtenir le pardon d'autrui.

PAUL TOURNIER

Sans pardon, la vie est gouvernée par un parcours sans fin de ressentiment et de vengeance.

ROBERTO ASSAGIOLI

Un pardon sincère n'attend pas d'excuses.

SARA PADDISON

Le pardon vient souvent de la générosité, mais souvent aussi du manque de mémoire.

ALFRED CAPUS

Le pardon, quel repos !

VICTOR HUGO

Dans le pardon de la femme, il y a de la vertu ; mais dans celui de l'homme, il y a du vice.

ALFRED CAPUS

Il est plus facile de demander le pardon après,
que la permission avant.

GRACE HOPPER

La plupart des pardons peuvent être acceptés à titre de haines rentrées.

COMTE DE BELVÈZE

Au pardon qui sourit la sagesse commence ;
Il n'est pas qu'équité sans un peu de clémence.

GEORGES COURTELINE

Le pardon n'est parfois qu'une figure de la
vengeance.

PAUL-JEAN TOULET

Prenez garde à un homme qui demande un pardon ; il peut avoir si aisément la tentation d'en mériter deux !

ALFRED DE MUSSET

Pardon ne guérit pas la bosse.

PROVERBE GUADELOUPÉEN

Le cœur d'une mère est un abîme au fond duquel se trouve toujours un pardon.

HONORÉ DE BALZAC

Quand une femme a tort, il faut commencer par lui demander pardon.

FRANCIS DE CROISSET

Le pardon est plus qu'un sentiment, c'est une force qui déclenche d'admirables effets.

MARCELLE AUCLAIR

Seules errances d'amour
Sont dignes d'un pardon.

CERVANTÈS

L'âme supérieure n'est pas celle qui pardonne, c'est celle qui n'a pas besoin de pardon.

CHATEAUBRIAND

Un homme a toujours le droit de se venger, si peu que ce soit ; la vengeance est bonne pour le caractère ; d'elle naît le pardon.

GRAHAM GREENE

La puissance de

la connaissance

Je ne peux rien pour qui ne se pose pas de questions.

Confucius

Lorsqu'un homme s'installe avec un travail dans un coin, il abandonne autant de vie qu'il acquiert de connaissance.

William Butler Yeats

Tout ce que je sais, c'est que je ne sais rien.

Socrate

Celui qui pose une question risque cinq minutes d'avoir l'air bête. Celui qui ne pose pas de question restera bête toute sa vie.

Proverbe chinois

L'éducation ne se borne pas à l'enfance et à l'adolescence. L'enseignement ne se limite pas à l'école. Toute la vie, notre milieu est notre éducation, est un éducateur à la fois sévère et dangereux.

PAUL VALÉRY

Celui qui interroge se trompe
Celui qui répond se trompe.

BOUDDHA

C'est la vie qui nous apprend et non l'école.

SÉNÈQUE

Il n'est pauvreté que d'ignorance.

LE TALMUD

Étudier tout en répétant, n'est-ce pas source de plaisir ?

CONFUCIUS

De l'éducation de son peuple dépend le destin d'un pays.

BENJAMIN DISRAELI

Rien de bon n'est jamais sorti des reflets de l'esprit se mirant en lui-même. Ce n'est que depuis que l'on s'efforce de se renseigner sur tous les phénomènes de l'esprit en prenant le corps pour fil conducteur, que l'on commence à progresser.

FRIEDRICH NIETZSCHE

Savoir pour prévoir, afin de pouvoir.

AUGUSTE COMTE

Quand vous plantez une graine une fois, vous obtenez une seule et unique récolte. Quand vous instruisez les gens, vous en obtenez cent.

CONFUCIUS

La connaissance est toujours un butin.

MAXIME GORKI

Les gens qu'on interroge, pourvu qu'on les interroge bien, trouvent d'eux-mêmes les bonnes réponses.

SOCRATE

Toute connaissance est une réponse à une question.

GASTON BACHELARD

Les plus belles découvertes cesseraient de me plaire si je devais les garder pour moi.

SÉNÈQUE

Apprendre sans réfléchir est vain. Réfléchir sans apprendre est dangereux.

CONFUCIUS

La nature donne le génie ; la société, l'esprit ; les études, le goût.

SAINTE-BEUVE

La connaissance n'est pas le pouvoir, mais elle est liberté.

GILLES LAMER

Celui qui aime à apprendre est bien près du savoir.

CONFUCIUS

Savoir, c'est voir en soi.

JOSEPH JOUBERT

Apprendre, c'est déposer de l'or dans la banque de son esprit.

SHAD HELMSTETTER

Dans « connaître », il y a « naître ».

VICTOR HUGO

Apprendre, c'est se retrouver.

MALCOLM DE CHAZAL

Je ne cherche pas à connaître les réponses,
je cherche à comprendre les questions.

CONFUCIUS

C'est l'ignorance seule qui engendre l'apathie.

CHARLES BAY

Les connaissances nous suivent tout le reste de
notre vie, nous sont toujours utiles et, quelquefois, nous consolent de bien des peines.

STENDHAL

Le savoir que l'on ne complète pas chaque
jour diminue.

PROVERBE CHINOIS

Qui comprend le nouveau en réchauffant l'ancien peut devenir un maître.

Confucius

Ceux dont la connaissance est innée sont des hommes tout à fait supérieurs. Puis viennent ceux qui acquièrent cette connaissance par l'étude. Enfin, ceux qui, même dans la détresse, n'étudient pas : c'est le peuple.

Confucius

La connaissance est en elle-même puissance.

Francis Bacon

On se lasse de tout, excepté d'apprendre.

Virgile

Les gens ont oublié le plaisir du savoir, le sachant trop grand pour eux...

EMMANUEL WATHELET

❦

Je ne puis apprendre à parler à qui ne s'efforce pas de parler.

CONFUCIUS

❦

En enseignant, les hommes apprennent.

SÉNÈQUE

❦

Il n'y a pas une méthode unique pour étudier les choses.

ARISTOTE

La quête de
la vérité

Certaines vérités ne nous paraissent invrai-
semblables que, tout simplement, parce que
notre connaissance ne les atteint pas.

AMADOU HAMPÂTÉ BÂ

Le cœur s'attendrit plus volontiers à des maux
feints qu'à des maux véritables.

JEAN-JACQUES ROUSSEAU

Pour atteindre la vérité, il faut perdre du
temps et cesser de travailler.

MONTSERRAT FIGUERAS

Si la vérité est amère, ses fruits sont doux.

HAZRAT ALI

À qui dit la vérité, donnez un cheval afin qu'il puisse se sauver après l'avoir dite.

PROVERBE RUSSE

Si vous fermez la porte à toutes les erreurs, la vérité restera dehors.

TAGORE

Savoir la vérité ne change pas la vie.

ALBERT SANCHEZ PINOL

La vérité résulte parfois d'un cumul de mensonges qui se compensent.

GRÉGOIRE LACROIX

Il y a des erreurs qui contiennent une autre vérité.

ERRI DE LUCA

Il n'y a guère que ceux qui se taisent qui disent parfois la vérité, par omission.

OLIVIER RAZEL

Il faut aller à la vérité avec toute son âme.

PLATON

Les formules qui semblent avoir perdu tout leur sens à force d'avoir été répétées trop souvent sont celles qui contiennent le plus de vérité.

NADINE GORDIMER

La vérité, c'est l'honnêteté que chaque personne devrait avoir envers ses amis.

JEAN-FRANÇOIS MORIN

La Vérité, c'est l'interprétation que chacun se fait de chaque chose.

VIVIEN BOURRIÉ

La complaisance aveugle engendre des amis ;
La franche vérité nous fait des ennemis.

TÉRENCE

Les chiens n'aiment pas le bâton, les hommes n'aiment pas la vérité.

PROVERBE TIBÉTAIN

La vérité est le meilleur argument.

HAZRAT ALI

La vérité rougit l'œil, mais elle ne le trans-
perce pas.

C'est pour la vérité que Dieu fit le génie.

ALPHONSE DE LAMARTINE

La vérité n'est pas du côté du plus grand nom-
bre, parce qu'on ne veut pas qu'elle y soit.

BORIS VIAN

Une société n'est forte que lorsqu'elle met la
vérité sous la grande lumière du soleil.

ÉMILE ZOLA

La vérité n'est pas dans un seul rêve, mais dans beaucoup de rêves.

PIER PAOLO PASOLINI

Beaucoup d'hommes naissent aveugles, et ils ne s'en aperçoivent que le jour où une bonne vérité leur crève les yeux.

JEAN COCTEAU

La vérité est la chasteté de l'âme.

SAINT-AUGUSTIN

Il faut autant d'énergie pour convaincre autrui avec une petite vérité qu'avec un gros mensonge.

JÉRÔME RIQUIER

Si d'une discussion pouvait sortir la moindre vérité, on discuterait moins.

JULES RENARD

La vérité jaillira de l'apparente injustice.

ALBERT CAMUS

Certaines personnes exagèrent tellement qu'elles sont incapables de dire la vérité sans mentir.

JOSH BILLINGS

La vérité n'est pas faite pour consoler comme une tartine de confitures qu'on donne aux enfants qui pleurent. Il faut la rechercher, voilà tout, et écarter de soi ce qui n'est pas elle.

GUSTAVE FLAUBERT

En vérité, le paradis est ici, aujourd'hui ! Et l'enfer, c'est de ne pas savoir quoi en faire...

CHARLES MARSAN

Un avocat ferait n'importe quoi pour gagner un procès, parfois il pourrait même dire la vérité.

PATRICK MURRAY

Un homme épris de la vérité n'a besoin d'être ni poète, ni grand. Il est l'un et l'autre sans le chercher.

JULES RENARD

On confond toujours vérité et nouveauté.

JÉRÔME TOUZALIN

Les mêmes mots, dans une bouche nouvelle, prennent un accent de vérité qu'ils avaient perdu...

JÉRÔME TOUZALIN

Il faut regarder la vérité en poète.

JULES RENARD

Tu as ta vérité, j'ai la mienne, mais n'oublie pas que nous avons la même langue pour essayer de nous comprendre.

PROVERBE TZIGANE

Taire la vérité, c'est enfouir de l'or.

PROVERBE GREC

Celui qui dit la vérité doit avoir un pied à l'étrier.

PROVERBE TURC

La vérité est bonne, mais elle blesse ; le mensonge est mauvais, mais il engraisse.

PROVERBE RUSSE

Si l'on interroge bien les hommes, en posant bien les questions, ils découvrent d'eux-mêmes la vérité sur chaque chose.

PLATON

La vérité est le contraire du poison, elle n'est dangereuse qu'à petites doses.

JOSÉ ARTUR

On exagère toujours dès qu'on veut dire la vérité.

TOMI UNGERER

Le problème du chrétien devant la vérité n'est pas de la découvrir, mais de lui ressembler.

ANDRÉ FROSSARD

J'aime la vérité. Je crois que l'humanité en a besoin ; mais elle a bien plus grand besoin encore du mensonge qui la flatte, la console, lui donne des espérances infinies. Sans le mensonge, elle périrait de désespoir et d'ennui.

ANATOLE FRANCE

Le courage, c'est de chercher la vérité et de la dire.

JEAN JAURÈS

Il y a des erreurs mêlées à toute vérité ; il n'y a encore rien dans la pensée de l'homme d'assez parfait pour être définitif.

JEAN-MARIE GUYAU

La vérité vit à crédit. Nos pensées et nos croyances passent comme monnaie ayant cours tant que rien ne les fait refuser, exactement comme les billets de banque, tant que personne ne les refuse.

WILLIAM JAMES

Nous parvenons quelquefois, en poursuivant nos recherches, à trouver la vérité là où nous nous y attendions le moins.

QUINTILIEN

Toutes les vérités seraient bonnes à dire si on les disait ensemble.

JOSEPH JOUBERT

L'erreur a créé beaucoup plus que la vérité.

ÉDOUARD HERRIOT

Ce qui est aujourd'hui un paradoxe pour nous sera pour la postérité une vérité démontrée.

DENIS DIDEROT

L'homme est moins lui-même quand il est sincère, donnez-lui un masque et il dira la vérité.

OSCAR WILDE

En sortant leur vérité du puits, les indiscrets répandent l'eau partout.

JULES RENARD

La vérité vaut bien qu'on passe quelques années sans la trouver.

JULES RENARD

Il ne faut pas dire toute la vérité, mais il ne faut dire que la vérité.

JULES RENARD

Dis quelquefois la vérité, afin qu'on te croie quand tu mentiras.

JULES RENARD

C'est la certitude qu'ils tiennent la vérité qui rend les hommes cruels.

ANATOLE FRANCE

Les vérités découvertes par l'intelligence demeurent stériles. Le cœur est seul capable de féconder ses rêves.

ANATOLE FRANCE

La valeur de
la générosité

La vraie générosité consiste à faire plaisir sans espérance de revanche.

CHEVALIER DE MÉRÉ

Un bien n'est agréable que si on le partage.

SÉNÈQUE

L'altruisme est souvent un alibi.

JEAN ROSTAND

Une bonne part de l'altruisme, même parfaitement honnête, repose sur le fait qu'il est inconfortable d'avoir des gens malheureux autour de soi.

HENRI LOUIS MENCKEN

L'égoïste n'est pas celui qui vit comme il lui plaît, c'est celui qui demande aux autres de vivre comme il lui plaît ; l'altruiste est celui qui laisse les autres vivre leur vie, sans intervenir.

OSCAR WILDE

Le comble de l'altruisme, c'est de laisser les autres s'occuper d'autrui.

GEORGES ELGOZY

L'altruiste est un égoïste raisonnable.

RÉMY DE GOURMONT

Trois choses sont impossibles à acquérir : le don de la poésie, la générosité, un rossignol dans la gorge.

PROVERBE IRLANDAIS

La haine doit être vaincue par l'amour et la générosité.

BARUCH SPINOZA

Il n'y a que les pauvres de généreux.

HONORÉ DE BALZAC

La générosité n'est souvent que l'aspect intérieur que prennent nos sentiments égoïstes quand nous ne les avons pas encore nommés et classés.

MARCEL PROUST

La générosité masque nos imperfections.

HAZRAT ALI

Ce qui paraît générosité n'est souvent qu'une ambition déguisée.

CHEVALIER DE MÉRÉ

Il n'y a pas d'enthousiasme sans sagesse, ni de sagesse sans générosité.

Paul Éluard

La générosité n'est que la pitié des âmes nobles.

Chamfort

L'homme généreux invente même des raisons de donner.

Publius Syrus

La vraie générosité est celle que personne ne peut comprendre. Dès que la bonté rentre dans le domaine de l'admirable, elle n'est plus de la bonté.

Amélie Nothomb

Une des qualités fondamentales pour vivre à deux, c'est la générosité.

Marc Levy

Une des plus estimable vertu est la générosité - une qualité caractéristique d'une personne pensant plus de bien des autres que
d'elle-même.

D. MALCOLM MAXWELL

Il est plus facile d'être généreux que de ne
pas le regretter.

JULES RENARD

La générosité ne suffit pas ; il faut la foi et
l'humilité.

JACQUES BRILLANT

Pour connaître la valeur de la générosité, il
faut avoir souffert de la froide indifférence
des autres...

EUGÈNE CLOUTIER

La vertu triomphe de la générosité sur l'intérêt.

Comme rien n'est plus précieux que le temps, il n'y a pas de plus grande générosité qu'à le perdre sans compter.

MARCEL JOUHANDEAU

Une générosité qui s'alimente d'ambition engendre la vigilance.

MADELEINE FERRON

L'optimisme semble une générosité faite à Dieu en toute gratuité.

ERNEST RENAN

La générosité n'est qu'une indifférence qui se donne des airs.

CLAUDE AVELINE

La générosité est le plus dangereux visage de l'erreur.

ROBERT D'HARCOURT

La générosité incite à la jalousie. Plus les cadeaux sont acceptés avec plaisir, plus on regrette de les avoir faits. Ils vous éclipsent.

HENRI FAUCONNIER

Toute générosité se paie, c'est même par là qu'elle vaut.

NATALIE CLIFFORD BARNEY

La générosité jouit des félicités d'autrui, comme si elle en était responsable.

LAUTRÉAMONT

Le malheur est le meilleur moyen que Dieu ait trouvé pour reprendre la générosité aux âmes bonnes, l'éclat aux belles, la pitié aux sensibles.

JEAN GIRAUDOUX

Celui qui cache sa générosité est doublement généreux.

JOSÉ NAROSKY

La vraie générosité envers l'avenir consiste à tout donner au présent.

ALBERT CAMUS

La générosité croit toujours devoir ce qu'elle donne.

ANNE SOPHIE SWETCHINE

Un acte de vertu, un sacrifice ou de ses intérêts ou de soi-même, est le besoin d'une âme noble, l'amour-propre d'un cœur généreux, est, en quelque sorte, l'égoïsme d'un grand caractère.

CHAMFORT

Le dédain est la générosité du mépris.

VICTOR HUGO

Il est généreux de se ranger du côté des affligés.

MOLIÈRE

Il y a autant de générosité à recevoir qu'à donner.

Julien Green

Il y a bien moins d'ingrats qu'on ne croit, car il y a bien moins de généreux qu'on ne pense.

Saint-Évremond

Ainsi les plus généreux ont coutume d'être les plus humbles.

René Descartes

La vie est un cadeau si merveilleux que tout être généreux ne peut avoir qu'une ambition, l'offrir.

Jean Giraudoux

Le bonheur rend généreux.

Brice Parain

La seule manière de sauver nos rêves est d'être généreux avec nous-mêmes.

PAULO COELHO

Personne ne dit de soi, et surtout sans fondement, qu'il est beau, qu'il est généreux, qu'il est sublime: on a mis ces qualités à un trop haut prix ; on se contente de le penser.

JEAN DE LA BRUYÈRE

La bonne humeur a quelque chose de généreux : elle donne plutôt qu'elle ne reçoit.

ALAIN

Tous les gestes engagent ; surtout les gestes généreux.

ROGER MARTIN DU GARD

Les vertus de la tolérance

N'ayez d'intolérance que vis-à-vis de l'intolérance.

HIPPOLYTE TAINE

La tolérance ne devrait être qu'un état transitoire. Elle doit mener au respect. Tolérer c'est offenser.

GOETHE

Colère et intolérance sont les ennemies d'une bonne compréhension.

GANDHI

Le sexisme comme le racisme commence par la généralisation. C'est-à-dire la bêtise.

CHRISTIANE COLLANGE

La discorde est le plus grand mal du genre humain, et la tolérance en est le seul remède.

VOLTAIRE

Ton christ est juif, ta pizza est italienne, ton café est brésilien, ta voiture est japonaise, ton écriture est latine, tes vacances sont turques, tes chiffres sont arabes et... tu reproches à ton voisin d'être étranger !

JULOS BEAUCARNE

Il n'est pire intolérance que celle de la raison.

MIGUEL DE UNAMUNO

Plus le champ de la pensée s'élargit, plus la patience et la tolérance augmentent.

OSTAD ELAHI

La tolérance, c'est la civilisation par excellence.

GILLES PERRAULT

La difficulté, ce n'est pas de rêver, mais d'accepter et de comprendre les rêves des autres.

ZHANG XIANLIANG

Moins le Blanc est intelligent, plus le Noir lui paraît bête.

ANDRÉ GIDE

Au dire de Freud, un peu de différence mène au racisme. Mais beaucoup de différences en éloigne irrémédiablement.

ROLAND BARTHES

Là où tout le monde chante à l'unisson, les paroles n'ont pas d'importance.

JAROSLAW IWASZKIEWICZ

Tolérance : c'est quand on connaît des cons et qu'on ne dit pas les noms.

PIERRE DORIS

Tout groupe humain prend sa richesse dans la communication, l'entraide et la solidarité visant à un but commun : l'épanouissement de chacun dans le respect des différences.

FRANÇOISE DOLTO

La difficulté, avec la tolérance, vient de ce qu'elle paraît tout à la fois nécessaire et impossible.

BERNARD WILLIAMS

L'enfant noir, l'enfant blanc ont tous deux le sang rouge.

PIERRE OSENAT

Renoncer à la vengeance

la vengeance

Il n'y a point de plus haute vengeance que l'oubli.

BALTASAR GRACIAN Y MORALES

Mieux vaut passer la nuit dans l'irritation de l'offense que dans le repentir de la vengeance.

PROVERBE TOUAREG

Les vengeances tardives n'ont pas la saveur qu'on leur imagine, parce qu'elles ont moisi.

CHRISTIANE BAROCHE

La vengeance impulsive est mauvaise conseillère.

XAVIER BRÉBION

La vengeance n'est pas un mobile ignoble lorsqu'elle sert à des fins utiles.

JACK VANCE

L'homme révolté ne veut pas nécessairement le mal de l'autre. Son désir de vengeance peut être une protestation contre un désordre, une excitation pour le maintien de la justice du bien.

SÉBASTIEN LAPAQUE

L'eau ne reste pas sur les montagnes, ni la vengeance dans un grand cœur.

PROVERBE CHINOIS

Dans la lutte, on descend au niveau de l'adversaire.

SÉNÈQUE

Plus la patience est grande et plus belle est la vengeance.

MASSA MAKAN DIABATÉ

La vengeance est incompatible avec la liberté.

GILBERT CHOQUETTE

Les racines du chardon vénéneux de la vengeance sont la haine, la cruauté. Une seule graine suffit à transformer un homme bon.

DRISS CHRAÏBI

Quoi de plus illusoire que la vengeance ?

JEAN LEMIEUX

La vengeance est un chirurgien qui n'a jamais réussi qu'à estropier ses patients.

MARIE-ANTOINETTE GRÉGOIRE-COUPAL

Il est de la justice de prendre vengeance d'un crime ; mais c'est une vertu de ne pas se venger.

PROVERBE ORIENTAL

L'arme des humiliés : la vengeance.

ALICE BRUNEL-ROCHE

Vivez bien. C'est la meilleure des vengeances.

LE TALMUD

La vengeance déguisée en justice, c'est notre plus affreuse grimace...

FRANÇOIS MAURIAC

Aussi longtemps qu'on médite sa vengeance, on garde sa blessure ouverte.

THOMAS FULLER

La race humaine doit sortir des conflits en rejetant la vengeance, l'agression et l'esprit de revanche. Le moyen d'en sortir est l'amour.

MARTIN LUTHER KING

La vengeance est le plaisir des dieux.

PROVERBE FRANÇAIS

À l'égard de celui qui vous prend votre femme, il n'est de pire vengeance que de la lui laisser.

SACHA GUITRY

La vengeance, c'est la volupté du paradis.

ANDRÉ THÉRIVE

Le temps fait oublier les douleurs, éteint les vengeances, apaise la colère et étouffe la haine ; alors, le passé est comme s'il n'eût jamais existé.

AVICENNE

La vengeance est une justice sauvage.

FRANCIS BACON

En vieillissant, on s'aperçoit que la vengeance est encore la forme la plus sûre de la justice.

HENRY BECQUE

La haine, c'est la vengeance du poltron.

GEORGE BERNARD SHAW

Un homme a toujours le droit de se venger, si peu que ce soit ; la vengeance est bonne pour le caractère ; d'elle naît le pardon.

GRAHAM GREENE

La vengeance est plus douce que le miel.

HOMÈRE

La justice, cette forme endimanchée de la vengeance.

STEPHEN HECQUET

Si vous vous vengez, que la vengeance ne dépasse point l'offense.

LE CORAN

L'eau ne reste pas sur la montagne, ni la vengeance sur un grand cœur.

PROVERBE CHINOIS

Il est moins doux d'assouvir son amour que de satisfaire à sa vengeance.

PAUL-JEAN TOULET

Le dédain est la forme la plus subtile de la vengeance.

BALTASAR GRACIAN Y MORALES

Celui qui s'applique à la vengeance garde fraîches ses blessures.

FRANCIS BACON

Le mépris efface l'injure plus vite que la vengeance.

THOMAS FULLER

Même centenaire, la vengeance garde ses dents de lait.

G. TORRIANO

L'inimitié est une colère qui guette une occasion de vengeance.

CICÉRON

Les vengeances châtient, mais n'éliminent pas les fautes.

MIGUEL DE CERVANTÈS

Une vengeance trop prompte n'est plus une vengeance ; c'est une riposte.

HENRY DE MONTHERLANT

La vengeance est un plat qui se mange chaud !

MICHEL FOLCO

Nul ne sait combien douce est la vengeance de celui qui a reçu l'injure.

ÉTIENNE PASQUIER

Le riche a la vengeance, et le pauvre a la mort.

AGRIPPA D'AUBIGNÉ

Dans la vengeance et en amour, la femme est plus barbare que l'homme.

FRIEDRICH NIETZSCHE

La vengeance est un plat qui gagne à être mangé froid.

WILHELM WANDER

Nous n'aurons pas trop de notre vie entière pour remercier le Christ d'avoir remplacé la vengeance par la grâce, le pardon et l'amour.

MARCEL ACHARD

Ma souffrance est ma vengeance contre moi-même.

ALBERT COHEN

La vengeance procède toujours de la faiblesse de l'âme, qui n'est pas capable de supporter les injures.

LA ROCHEFOUCAULD

La satisfaction qu'on tire de la vengeance ne dure qu'un moment : celle que nous donne la clémence est éternelle.

HENRI IV

Ce qui chez les humbles s'appelle rage, chez les seigneurs s'appelle superbe ; et ce qui chez les petits est châtiment, chez les grands s'appelle vengeance.

ANTONIO DE GUEVARA

Quand le déshonneur est public, il faut que la vengeance le soit aussi.

BEAUMARCHAIS

La vengeance est un plat qui se mange froid.

PROVERBE FRANÇAIS

La conquête de

la liberté

Que signifie la liberté, sinon le néant, quand elle n'est plus relative à autrui?

FATOU DIOME

La liberté éclaire le monde.

FRÉDÉRIC AUGUSTE BARTHOLDI

L'individu est fait pour prendre sa liberté, l'investir, s'élever, s'accomplir en fonction de ses idées et de sa capacité à critiquer.

CLAUDE MICHELET

Tout ce qu'on perd, c'est remboursé par la liberté.

HERVÉ PRUDON

Tout homme a droit à 24 heures de liberté par jour.

GEERT VAN BRUAENE

Être asservi à soi-même est le plus pénible des esclavages.

SÉNÈQUE

Lorsque les mots perdent leur sens, les gens perdent leur liberté.

CONFUCIUS

La Liberté, ce n'est pas de pouvoir ce que l'on veut, mais de vouloir ce que l'on peut.

JEAN-PAUL SARTRE

Les peuples n'ont jamais que le degré de liberté que leur audace conquiert sur la peur.

STENDHAL

Le mal intime de l'homme moderne, c'est la privation de liberté.

ALAIN BESANÇON

Entre le riche et le pauvre, le fort et le faible, c'est la liberté qui opprime et la loi qui protège.

JEAN-PAUL CLUZEL

La morale commence où nous sommes libres : elle est cette liberté même, quand elle se juge et se commande.

ANDRÉ COMTE-SPONVILLE

Le mot liberté n'admet, par définition, aucune restriction.

JEAN YANNE

La liberté, pour l'homme, consiste à faire ce qu'il veut dans ce qu'il peut, comme sa raison consiste à ne pas vouloir tout ce qu'il peut.

RIVAROL

Il faut que l'homme libre prenne quelquefois la liberté d'être esclave.

JULES RENARD

La liberté est le seul bien pour lequel il vaille la peine de se battre.

JEAN VAN HAMME

Nous ne sommes pas encore libres, nous avons seulement atteint la liberté d'être libres.

NELSON MANDELA

Recherchez la liberté et vous deviendrez esclave de vos désirs. Recherchez la discipline et vous trouverez la liberté.

KOAN ZEN

La liberté, c'est l'indépendance de la pensée.

ÉPICTÈTE

La liberté et la dignité humaine doivent être effectives, et il ne sert à rien de dire que chacun doit vivre libre s'il n'a pas les moyens de vivre.

HENRI LECLERC

La liberté de ne pas être libre est peut-être aussi une forme de liberté.

ELIE WIESEL

La liberté est à la fois le plus grand cadeau que vous recevez du succès et le plus grand tribut que vous devez lui payer en retour.

TOM FORD

À esprit libre, univers libre.

KOAN ZEN

La plus belle de toutes les fleurs est la fleur de la liberté.

JEAN FISCHART

L'amour ne se trouve que dans la liberté, et ce n'est qu'en elle qu'il y a de la récréation et de l'amusement éternel.

SÖREN KIERKEGAARD

Nous devons admettre que la préservation des libertés individuelles ne peut pas correspondre pleinement à l'image que nous avons de la justice.

FRIEDRICH AUGUST VON HAYEK

La liberté est une note dans une symphonie.

SAHAR KHALIFA

La liberté enfante l'anarchie, l'anarchie conduit au despotisme et le despotisme ramène la liberté.

HONORÉ DE BALZAC

Rien n'est plus contagieux que la liberté.

CHRISTIAN BOBIN

La liberté ne peut être que toute la liberté ; un morceau de liberté n'est pas la liberté.

MAX STIRNER

La foi, la liberté et l'amitié sont les principaux biens de l'âme de l'homme.

TACITE

Quiconque revendique la totale liberté entière et pleine, revendique la totale responsabilité entière et pleine.

JEAN-MARIE ADIAFFI

Le chemin de la sagesse ou de la Liberté est un chemin qui mène au centre de son propre être.

MIRCEA ELIADE

L'éloge
de l'amitié

Qu'importent les trésors! Plutôt qu'argent entasser, mieux vaut amis posséder.

NIKOLAÏ GOGOL

L'amitié est l'union de deux personnes liées par un amour et un respect égaux et réciproques.

EMMANUEL KANT

Il arrive qu'un individu devienne le centre de votre vie, sans que vous soyez lié à lui ni par le sang ni par l'amour, mais simplement parce qu'il vous tient la main, vous aide à marcher sur le fil de l'espoir. Ami! Frénétiquement.

FATOU DIOME

Il n'est pas de joie qui égale celle de se créer de nouvelles amitiés.

PROVERBE CHINOIS

Si tous les hommes savaient ce qu'ils disent les uns des autres, il n'y aurait pas quatre amis dans le monde.

PASCAL

Quand mes amis sont borgnes, je les regarde de profil.

JOSEPH JOUBERT

La vengeance ne remplace pas la perte d'un ami.

HUGO PRATT

Un égoïste est incapable d'aimer un ami. Mais il ne peut se passer d'amis : il ne s'aimerait jamais assez à lui tout seul.

EUGÈNE LABICHE

Le sort fait les parents, le choix fait les amis.

DELILLE

Entre tous les ennemis, le plus dangereux est celui dont on est l'ami.

ALPHONSE KARR

Combien l'amitié mérite de respects et d'éloges ! C'est elle qui fait naître, qui nourrit et entretient les plus beaux sentiments de générosité dont le cœur humain soit capable.

JEAN BOCCACE

Un ami ressemble à un habit. Il faut le quitter avant qu'il ne soit usé. Sans cela, c'est lui qui nous quitte.

JULES RENARD

Dans chaque ami, il y a la moitié d'un traître.

RIVAROL

Descends d'un degré pour choisir une femme ;
monte d'un degré pour choisir un ami.

LE TALMUD

Vivre sans amis, c'est mourir sans témoin.

GEORGE HERBERT

Nous ne pouvons rien aimer que par rapport
à nous, et nous ne faisons que suivre notre
goût et notre plaisir quand nous préférons
nos amis à nous-mêmes ; c'est néanmoins
par cette préférence seule que l'amitié peut
être parfaite.

LA ROCHEFOUCAULD

Si tu veux te faire un ami, commence par
l'éprouver et ne te hâte pas de te confier à lui.

LA BIBLE

L'amitié? Elle disparaît quand celui qui est aimé tombe dans le malheur, ou quand celui qui aime devient puissant.

CHATEAUBRIAND

Il n'y a que la main d'un ami qui arrache l'épine du cœur.

CLAUDE ADRIEN HELVÉTIUS

Le plus grand effort de l'amitié n'est pas de montrer nos défauts à un ami ; c'est de lui faire voir les siens.

LA ROCHEFOUCAULD

Le meilleur moyen de se défaire d'un ennemi, c'est de s'en faire un ami.

HENRI IV

Moi, je n'ai pas d'ami. C'est trop fatigant d'être aimable.

JEAN GABIN

Ce n'est pas un ami que l'ami de tout le monde.

ARISTOTE

Ce que les hommes ont nommé amitié n'est qu'une société, qu'un ménagement réciproque d'intérêts, et qu'un échange de bons offices ; ce n'est enfin qu'un commerce où l'amour-propre se propose toujours quelque chose à gagner.

LA ROCHEFOUCAULD

Il est plus honteux de se défier de ses amis que d'en être trompé.

LA ROCHEFOUCAULD

Ce qui nous empêche d'ordinaire de faire voir le fond de notre cœur à nos amis, n'est pas tant la défiance que nous avons d'eux, que celle que nous avons de nous-mêmes.

LA ROCHEFOUCAULD

Traitez vos amis comme vos tableaux : placez-les dans la lumière la plus favorable.

JENNY JÉRÔME CHURCHILL

On ne saurait conserver longtemps les sentiments qu'on doit avoir pour ses amis et pour ses bienfaiteurs, si on se laisse la liberté de parler souvent de leurs défauts.

LA ROCHEFOUCAULD

Lorsque la marmite bout, l'amitié fleurit.

PROVERBE ANGLAIS

La haine soutenant mieux que l'amitié, si l'on pouvait haïr ses amis, on leur serait plus utile.

JULES RENARD

L'amitié est une religion sans Dieu ni jugement dernier. Sans diable non plus. Une religion qui n'est pas étrangère à l'amour. Mais un amour où la guerre et la haine sont proscrites, où le silence est possible.

TAHAR BEN JELLOUN

La table est l'entremetteuse de l'amitié.

PROVERBE FRANÇAIS

Une amitié entre deux êtres qui ont le plus gros de leur vie derrière eux, il arrive que ça soit plus intéressant que l'amour.

LUIS SEPULVEDA

L'amitié n'est pas moins mystérieuse que l'amour ou l'une quelconque des facettes de cette chose confuse qu'est la vie.

JORGE LUIS BORGES

Personne n'a un plus grand amour que celui qui donne sa vie pour ses amis.

SAINT JEAN

Beaucoup d'amis sont comme le cadran solaire : ils ne marquent que les heures où le soleil vous luit.

VICTOR HUGO

Un homme en pleine communion de sentiments avec un autre est pour lui un ami plus précieux à posséder que tous les parents du monde.

EURIPIDE

La plupart des amitiés sont hérissées de « si » et de « mais » et aboutissent à de simples liaisons, qui subsistent à force de malentendus.

CHAMFORT

Une vie sans amour humain peut se concevoir - par exemple chez les religieux et les prêtres... traditionnels. Une vie sans amitié serait horriblement désertique.

PAUL GUIMARD

Celui qui préfère la richesse ou la puissance à des amis sûrs n'a pas son bon sens.

EURIPIDE

Mieux vaut louer les vertus d'un ennemi que flatter les vices d'un ami.

PROVERBE ANGLAIS

Il existe trois catégories d'amis : ceux, comme la nourriture, sans lesquels on ne pourrait pas vivre ; ceux, comme les remèdes, dont on a besoin à l'occasion ; et ceux, comme la maladie, dont on ne veut à aucun prix.

Salomon Ibn Gabirol

Tout le monde veut avoir un ami. Personne ne s'occupe d'en être un.

Alphonse Karr

Chacun se dit ami ; mais fou qui s'y repose :
Rien n'est plus commun que ce nom,
Rien n'est plus rare que la chose.

Jean de la Fontaine

Un ami, c'est quelqu'un qui vous connaît bien et qui vous aime quand même.

Hervé Lauwick

Soutiens ton ami, surtout quand il a tort ; quand il a raison, il n'a pas besoin de toi.

HENRI LAVEDAN

Il ne faut pas regarder quel bien nous fait un ami, mais seulement le désir qu'il a de nous en faire.

MADAME DE SABLÉ

Celui qui n'est plus ton ami ne l'a jamais été.

WILLIAM SHAKESPEARE

Si nos amis nous rendent des services, nous pensons qu'à titre d'amis ils nous les doivent, et nous ne pensons pas du tout qu'ils ne nous doivent pas leur amitié.

LUC DE VAUVENARGUES

Toujours l'amitié, quand elle commence à s'affaiblir et à décliner, a recours à un redoublement de politesses cérémonieuses.

WILLIAM SHAKESPEARE

Le seul moyen d'avoir un ami, c'est d'en être un.

RALPH WALDO EMERSON

Quand nos amis nous ont trompés, on ne doit que de l'indifférence aux marques de leur amitié, mais on doit toujours de la sensibilité à leurs malheurs.

LA ROCHEFOUCAULD

Il ne faut choisir pour épouse que la femme qu'on choisirait pour ami, si elle était homme.

JOSEPH JOUBERT

Le difficile n'est pas d'être avec ses amis quand ils ont raison, mais quand ils ont tort.

ANDRÉ MALRAUX

Quelques-uns prennent pour de l'amitié ce qui est de la charité.

HENRY DE MONTHERLANT

Un ami dans la vie est très bien ; deux, c'est beaucoup ; trois, c'est à peine possible. L'amitié nécessite un certain parallélisme dans la vie, une communauté de pensée, une rivalité de but.

H. E. ADAMS

Avoir beaucoup d'amis, c'est n'avoir pas d'amis.

ARISTOTE

Que c'est difficile de trouver un véritable ami intime pour partager avec lui son propre égoïsme !

SACHA GUITRY

Brièvement, je vous dirai ce qui distingue un ami :

Que l'on fasse le mal, il avertit ; que l'on fasse le bien, il exhorte à la persévérance ;

Que l'on soit en difficulté ou en danger, il assiste, soulage et délivre.

Un tel homme est, vraiment, un ami véritable et distingué.

FO PEN HING TSIH KIN

Il n'y a pas d'amis, il n'y a que des moments d'amitié.

JULES RENARD

Il est plus ordinaire de voir un amour extrême qu'une parfaite amitié.

JEAN DE LA BRUYÈRE

À partir d'un certain âge, on ne choisit plus tant ses amis que l'on est choisi par eux.

ANDRÉ GIDE

Tant que tu seras heureux, tu compteras beaucoup d'amis. Si le ciel se couvre de nuages, tu seras seul.

OVIDE

Il est bon de traiter l'amitié comme les vins et de se méfier des mélanges.

COLETTE

Entre deux amis, il n'y en a qu'un qui soit l'ami de l'autre.

ALPHONSE KARR

Vos amis qui vous ont prédit des malheurs en arrivent bien vite à vous les souhaiter, et ils les provoqueraient au besoin pour garder votre confiance.

SACHA GUITRY

Ce que nous aimons dans nos amis, c'est le cas qu'ils font de nous.

TRISTAN BERNARD

Un ami, c'est quelqu'un sur qui vous pouvez toujours compter pour compter sur vous.

FRANÇOIS PÉRIER

L'amitié est un contrat par lequel nous nous engageons à rendre de petits services à quelqu'un afin qu'il nous en rende des grands.

MONTESQUIEU

Il y a toujours un peu de vide dans les amitiés les plus pleines.

JULES RENARD

L'argent ne vous fait pas d'amis. Il vous donne seulement des ennemis de meilleure qualité.

NOËL COWARD

Les amis sont dangereux, non point tant par ce qu'ils vous font faire, que par ce qu'ils vous empêchent de faire.

HENRIK IBSEN

Ainsi que le vieux bol convient mieux pour brûler, un vieux cheval pour chevaucher, de vieux livres pour lire et de vieux vins pour boire, de même il est préférable de posséder de vieux amis.

L. WRIGHT

Mon ami ne me sert qu'à embêter ceux de mes ennemis qui sont ses amis.

JULES RENARD

L'amitié est une âme qui vit dans deux corps.

ARISTOTE

On fait toujours plaisir en allant voir un ami. Si ce n'est pas en arrivant, c'est en partant.

LÉO CAMPION

Quand nous exagérons la tendresse que nos amis ont pour nous, c'est souvent moins par reconnaissance que par le désir de faire juger de notre mérite.

La Rochefoucauld

Rien ne renforce plus l'amitié qu'un ennemi commun.

Francfort Moore

Il n'y a pas de plaisir comparable à celui de rencontrer un vieil ami, excepté peut-être celui d'en faire un nouveau.

Rudyard Kipling

Les feux de l'amour laissent parfois une cendre d'amitié.

Henri de Régnier

Il y a dans l'amitié une perfection à laquelle bien peu de femmes sont accessibles.

MADELEINE DE SCUDÉRY

Le respect est le lien de l'amitié.

PROVERBE ORIENTAL

Que c'est difficile de trouver un véritable ami intime pour partager avec lui son propre égoïsme !

SACHA GUITRY

L'une des fonctions principales d'un ami consiste à subir, sous une forme plus douce et symbolique, les châtiments que nous désirerions, sans le pouvoir, infliger à nos ennemis.

ALDOUS HUXLEY

Un des plus grands bonheurs de cette vie, c'est l'amitié ; et l'un des bonheurs de l'amitié, c'est d'avoir à qui confier un secret.

A. MANZONI

Une amitié qui ne peut pas résister aux actes condamnables de l'ami n'est pas une amitié.

ALAIN

Tenir constamment pour ennemi celui qu'on ne peut compter pour ami, et ne compter pour ami que celui qui a intérêt à l'être.

DENIS DIDEROT

L'amitié chez la femme est voisine de l'amour.

THOMAS MOORE

On peut vivre sans frère, mais non pas sans ami.

PROVERBE ARABE

L'amitié disparaît où l'égalité cesse.

ABBÉ AUBERT

La véritable épreuve de l'amitié, c'est le succès : car le malheur ne réclame que du secours et ne risque que la résistance de l'avarice ; tandis que le succès voudrait de l'affection et ne rencontre que l'envie.

AUGUSTE DETOEUF

Une vie sans amitié serait horriblement désertique.

PAUL GUIMARD

Des femmes peuvent très bien lier amitié avec un homme, mais pour la maintenir, il y faut peut-être le concours d'une petite anti-pathie physique.

FRIEDRICH NIETZSCHE

N'importe qui peut sympathiser avec les souffrances d'un ami. Sympathiser avec ses succès exige une nature très délicate.

OSCAR WILDE

Ne fais pas d'un ami l'égal de ton frère.

HÉSIODE

Ruiné, tu peux aller chez ton ami, mais non chez ta sœur.

PROVERBE INDIEN

L'idéal de l'amitié, c'est de se sentir un et de rester deux.

ANNE SOPHIE SWETCHINE

Ils ont le nom d'amis, mais ils n'en ont pas l'âme, ceux dont l'amitié ne résiste pas aux disgrâces du sort.

EURIPIDE

L'amitié est l'Amour qui a perdu ses ailes.

LORD BYRON

On compte plus facilement ses moutons que ses amis.

SOCRATE

Quelque rare que soit le véritable amour, il
l'est encore moins que la véritable amitié.

LA ROCHEFOUCAULD

L'ami qui souffre seul fait une injure à l'autre.

JEAN DE ROTROU

Celui qui te quitte dans son malheur te
donne autant la preuve qu'il n'a pas été véri-
tablement ton ami que s'il te quittait dans ton
malheur.

GARABET IBRAILEANU

Il est plus difficile de ne pas jalouser un ami
heureux que d'être généreux envers un ami
dans le malheur.

ALBERTO MORAVIA

Le nom d'ami est courant, mais l'ami fidèle est chose rare.

PHÈDRE

Trois sortes d'amis sont utiles, trois sortes d'amis sont néfastes. Les utiles : un ami droit, un ami fidèle, un ami cultivé. Les néfastes : un ami faux, un ami mou, un ami bavard.

CONFUCIUS

Ne choisis tes amis que parmi tes égaux.

CONFUCIUS

Les relations sont sûrement le miroir dans lequel on se découvre soi-même.

JIDDU KRISHNAMURTI

Pensées positives

Une demi-heure de méditation est essentielle, sauf quand on est très occupé. Alors une heure est nécessaire.

SAINT FRANÇOIS DE SALES

∞

Le rire et le sommeil sont les meilleurs remèdes du monde.

PROVERBE IRLANDAIS

∞

C'est par le bien-faire que se crée le bien-être.

PROVERBE CHINOIS

∞

À quoi bon soulever des montagnes quand il est si simple de passer par-dessus ?

BORIS VIAN

Rien n'assure mieux le repos du cœur que le travail de l'esprit.

DUC DE LÉVIS

Soyez assis avec toute la majesté inaltérable et inébranlable de la montagne. Laissez votre esprit s'élever, prendre son essor et planer dans le ciel.

SOGYAL RINPOCHÉ

J'ai décidé d'être heureux parce que c'est bon pour la santé.

VOLTAIRE

L'amour n'est rien d'autre que la suprême poésie de la nature.

NOVALIS

Avoir un ennui, c'est recevoir une grâce. Être heureux, c'est être mis à l'épreuve.

ZENRIN KUSHU

Rien ne concourt davantage à la paix de l'âme que de n'avoir point d'opinion.

GEORG CHRISTOPH LICHTENBERG

La vocation du zen est de nous rendre purs et de nous amener à un état d'harmonie, à un retour à l'équilibre qui est souvent l'état naturel de l'enfant.

GUDO ROSHI NISHIJIMA

L'esprit de perfection appartient à l'univers de l'âme. Il est une âme. C'est par notre matérialisme essentiellement perfectionniste que s'affirme notre spiritualité.

EUGÈNE CLOUTIER

La véritable spiritualité se reconnaît dans la façon de vivre et d'aborder l'existence, et non dans ce que l'on transmet ses croyances.

NATHANIEL BRANDEN

Le vrai matérialiste, plus il descend dans la matière, plus il exalte la spiritualité.

GEORGES BRAQUE

Sur le chemin spirituel, il ne faut rien chercher qui serait extraordinaire. L'extraordinaire est dans la profondeur de l'ordinaire !

KARLFRIED GRAF DÜRCKHEIM

Le naturel et le spirituel se marient dans le cours ordinaire de la vie comme les couleurs de l'arc-en-ciel en fondant dans la limpidité de l'air.

JACQUES FERRON

Mieux que n'importe quel médecin au monde, la Nature sait ce qui nous convient.

GEORGES COURTELINE

L'amour, quel autre mot pourrait donc venir donner une enveloppe verbale adaptée de nos spiritualités à l'intime accord qui compose la nature des choses et au rythme grave et grand qui réalise tout l'univers.

STÉPHANE MALLARMÉ

La sérénité et l'oubli vont parfois de pair.

ALLAN GURGANUS

Le bon moment pour rire : chaque fois que l'on peut.

LINDA ELLERBEE

Nous sommes ici-bas pour rire. Nous ne le pourrons plus au purgatoire ou en enfer. Et, au paradis, ce ne serait pas convenable.

JULES RENARD

Nous savons que nous allons vers la mort et, face à cette occurrence inéluctable, nous n'avons qu'un instrument : le rire.

UMBERTO ECO

Il faut rire avant d'être heureux, de peur de mourir sans avoir ri.

JEAN DE LA BRUYÈRE

Il faut toujours se réserver le droit de rire le lendemain de ses idées de la veille.

NAPOLÉON BONAPARTE

Je trouve mes plus grands bonheurs dans les petits plaisirs.

FRANÇOISE CHANDERNAGOR

Qui fait rire l'esprit se rend maître du cœur.

CARDINAL DE BERNIS

Le rire est le propre de l'homme, car l'esprit s'y délivre des apparences.

ALAIN

Tu vas faire la paix en toi. Tu pourras alors rire plus fort que ta misère.

CHARIF BARZOUK

Sans méditation, on est comme aveugle dans un monde d'une grande beauté, plein de lumières et de couleurs.

JIDDU KRISHNAMURTI

Le zen nous ramène, par notre travail sur nous-mêmes, au monde ordinaire pour devenir tout simplement des gens ordinaires.

GUDO ROSHI NISHIJIMA

L'idéal est pour nous ce qu'est une étoile pour le marin. Il ne peut être atteint, mais il demeure un guide.

ALBERT SCHWEITZER

La floraison de l'amour est méditation.

JIDDU KRISHNAMURTI

Les seules pensées zen que vous puissiez trouver en haut d'une montagne sont celles que vous avez apportées avec vous.

ROBERT PIRSIG

Lorsqu'il n'y a plus rien à faire, que faites-vous ?

KOAN ZEN

Marcher est aussi le zen... Que l'on bouge ou que l'on soit immobile le corps demeure toujours en paix ; même si l'on se trouve face à une épée, l'esprit demeure tranquille.

TAISEN DESHIMARU

L'action ne remplace pas la méditation.

GEORGES DUHAMEL